警察法治建设问题研究

何景 章立早 张发琼 张明勇 著

西南交通大学出版社
·成都·

图书在版编目（CIP）数据

警察法治建设问题研究 / 何景等著. —成都：西南交通大学出版社，2017.5
ISBN 978-7-5643-5485-5

Ⅰ. ①警… Ⅱ. ①何… Ⅲ. ①警察法 – 研究 – 中国
Ⅳ. ①D922.144

中国版本图书馆 CIP 数据核字（2017）第 129029 号

警察法治建设问题研究

何 景　章立早　张发琼　张明勇　著

责任编辑　赵玉婷

封面设计　何东琳设计工作室

出版发行	西南交通大学出版社 （四川省成都市二环路北一段 111 号 西南交通大学创新大厦 21 楼）
发行部电话	028-87600564　87600533
邮政编码	610031
网址	http://www.xnjdcbs.com
印刷	四川煤田地质制图印刷厂
成品尺寸	148 mm × 210 mm
印张	5
字数	136 千
版次	2017 年 5 月第 1 版
印次	2017 年 5 月第 1 次
书号	ISBN 978-7-5643-5485-5
定价	38.00 元

图书如有印装质量问题　本社负责退换
版权所有　盗版必究　举报电话：028-87600562

序

在法治观念看来,权力来源于权利,是为实现和保障权利而服务,权力必须被严格约束和监督。具体到警察执法领域,警察机关的任何执法办案行为都必须严格以事实为根据、以法律为准绳,并且严格依照法定程序进行。警察执法规范化,应当尊重警察事务自身的规律性,强调过程论视角,坚持正当程序规则,注重利益衡量性的思考。然而,警察执法办案中仍存在种种问题,部分警务人员在思想深处仍存在根深蒂固的威权主义观念,不注重人权保护,侵犯公民权利的事件时有发生。同时"警察万能"的观念,导致警察承载社会事务太多,警务活动和非警务活动界限不清晰。实践中警方过度参与非警务活动,影响了警察核心职能的发挥,结果是导致人们对警务工作的不满意。在依法治国成为基本治国方略的时代背景下,进行警察法治建设是提升警察工作的关键,也是建设法治国家的重要组成部分。

基于此,我们立足警察法治建设中警察权法治化、警察行政法治、警察刑事侦查法治、警察监督法治等内容进行分析,撰写了本书。

本文撰写分工如下：引言和第一章由张明勇撰写；第二章和第三章由张发琼撰写；第四章由章立早撰写；第五章和第六章由何景撰写。何景最后还负责全书的统筹和修改工作。

本书难免有许多不足之处，但这也是我们致力于法律事业的尝试，敬请批评指正。

作 者

2017 年 3 月

目 录

引 言 ……………………………………………………………… 1

第一章 警察及相关概念阐释 ……………………………………… 7
    第一节 警 察 ………………………………………………… 7
    第二节 警察权 ……………………………………………… 11
    第三节 警察职能及其发展 ………………………………… 24

第二章 我国警察权运行现状 ……………………………………… 30
    第一节 我国警察权运行的现实社会环境 ………………… 30
    第二节 警察权运行失范表现 ……………………………… 33
    第三节 警察权运行失范原因分析 ………………………… 42
    第四节 我国警务面临的危机 ……………………………… 45

第三章 警察法治建设之一：完善警察立法 ……………………… 52
    第一节 警察法的概念与特征 ……………………………… 52
    第二节 警察法的渊源和警察法现状 ……………………… 54
    第三节 完善警察法制建设 ………………………………… 63

第四章　警察法治建设之二：侦查工作机制创新 …………… 65
　第一节　警察机关侦查工作机制创新的必要性分析 …… 65
　第二节　警察机关侦查工作机制创新的构想 …………… 88

第五章　警察法治建设之三：公众参与警务活动 ………… 100
　第一节　公众参与警务模式的内涵 …………………… 101
　第二节　公众参与警务模式的法理基础 ……………… 113
　第三节　公众参与警务模式的具体形式 ……………… 122
　第四节　公众参与警务活动的意义 …………………… 130
　第五节　公众参与警务模式的立法完善 ……………… 133

第六章　警察法治化建设之四：
　　　　完善警察权制约与监督制度 ………………… 135
　第一节　警察权控制的基本构架 ……………………… 136
　第二节　完善警察权控制的途径 ……………………… 140

参考文献 ……………………………………………………… 148

引 言

"依法治国,建设社会主义法治国家"作为治国理政的一项基本方略,已经正式载入我国宪法。依法治国是实现国家治理体系和治理能力现代化的必然要求,全面推进依法治国是一个系统工程,是国家治理领域一场广泛而深刻的革命。而警察权作为国家权力最重要的组成部分,是一项十分广泛的权力。作为维护社会秩序、保护人们权利的重要手段,警察权的存在是必要的,但警察权具有其他行政机关的权力所无法比拟的高度垄断性,其适用范围最广泛、社会影响最普遍、强制性最显著。警察权能否准确实施直接关系公民的人身自由、财产安全、生命健康等权利是否得到有效保护。警察对于维护国家安全、社会公共秩序无疑至关重要。但权力天生存在的扩张、膨胀欲望,决定了不对其加以限制,则会失去控制,从保护公民权利转而变成对公民权利的侵犯。

现阶段,随着我国社会主义建设的飞速发展,改革带来的社会成员在政治、经济地位上的差别,社会利益分配的差距等诸多问题,引发社会冲突和矛盾。警察权相较其他行政权更具有强制性的突出特点,使其成为现阶段我国维稳主要依仗的手段。但警察权作为一项典型、重要的国家权力,与公民权利在一定条件下成反比,警察权的扩张意味着公民权利的限缩。这就产生一个背反的难题,即为预防和打击违法犯罪，维护国家稳定、社会秩序，就必然要授予警察足够的权力并保障其运行，而为了防止警察权的滥用、侵犯公民权利，又必须对警察权进行限制。警察执法中出现的种种问题导致了警察合法性危机，警察权威弱化，破坏了和谐警民关系的建设。在建设法治政府，推进依法行政的背景下，推动警察法治建设，使警察权力按照法律赋予的权限、实施的手段、程序运行，规范警察执法，使警察权得到有效监督和控制，法治思维提供了一条最佳进路。

法治是现代国家政治文明的普遍准则，法治所包含的限制国家权力和保障公民权利的精神，必然是警察法治应有之精神内核。法治既是一种治理警察权力的基本原则，亦是规制警察权力的最佳路径。警察权的错位、越位、滥用，体现在警察权的配置和运行中，对警察权的治理必然包括了警察权的正当配置和警察权运行的规制两个方面的问题。权力法定，警察权的取得合法性、正当性，需要立法予以明确，而为了防止运行过程中的失范，又出现了程序控制和权利救济问题。所以，警察权研究在理论和实证研究上的深入和拓展，是个历史性的命题，也是破解法治建设框架下警政改革的重心。

法治是现代国家政治文明的普遍准则，其本身已成为衡量社会进步的价值标准之一。但从法治所体现的价值取向看，并不是有了法律就能称之为法治。①在这里就产生法律与权力的关系问题。"马克思主义的法律观表明，在法治中，权力始终是一种不可缺少的东西，是法律背层的力量"，"法治理论

---

① 高文英：《我国社会转型期的警察权配置问题研究》，群众出版社，2012年版，第4页。

在这里遇到的一个矛盾就是：法律必须得到权力支持，而权力又必须受法律约束，这似乎是一个悖论"，于是就产生了法治的前提：把权力限定在一定的理论框架之内，即法治的价值之一就是权力配置于合理的位置①，亦即是限制权力。警察法治是从法治衍生出的下位概念，警察法治必然遵循法治的价值标准，就产生限制或者治理警察权的问题，警察权的合理配置和运行的规范是治理警察权的两个要素。警察权在维护社会秩序中具有不可或缺的重要性，既要保障权利亦得防止警察权过大和滥用。

现阶段在我国警察执法活动中，即使法律对警察权的行使进行了严格限制，但滥用警察权力、侵犯人权的现象还是不断发生。警察权与人权的关系在于"警察权是普遍人权得以保障的前提，人权实现之必要条件就是警察权的有效行使；他们既相互依存、相互促进，又相互制约。而警察权行使不当可能造成对人权的侵犯"②。目前我国警察执法虽取得了长远进步，但与现代社会主义法治理念的要求相比，与人民群众的期望相比，还存在一些不适应、不符合要求的薄弱环节。一是执法理念不适应。个别民警仍然存在特权思想、利己思想，执法为民理念在深度、广度、牢靠度上不到位。有的警察不依法执法、凭习惯凭经验执法，法治意识不到位，对执法问题重视不够、整改力度不够；没有认识到执法规范化建设的根本性、全局性地位，对执法规范化建设的重视程度不

---

① 王人博，程燎原：《法治论》，广西师范大学出版社，2014年版，第121-122页。
② 苗爱军，沈晶：《法治视野下的警察盘查权》，湖北人民出版社，2006年版，第39页。

到位。二是执法水平有待提高。执法作风有待进一步改进，在执法中还存在冷硬横推、消极执法、粗暴执法等现象。有些民警没有养成良好的职业素养，工作主动性不强、责任心不强、效率不高。执法中不注重学习、不注重总结、不注重实践，存在不会执法、简单执法以及"说不过、追不上、打不赢"等问题，执法能力有待进一步提高。三是执法效能不高。首先，执法制度不健全。还没有细化、规范到公安执法的每个环节、每个动作，制定的制度比较空泛，不能很好地适应执法实践的需要，以致执行不到位。其次，工作主动性不高。在执法办案中，一些单位工作消极对待，对违法犯罪线索，不及时组织查证，错失宝贵战机。再次，执法手段简单，一些领导干部和少数民警以管人者自居，工作态度粗暴，执法手段简单，动辄训斥，冷硬横推，缺乏亲和力，不仅降低了执法效果，而且严重损害了警民关系。最后，有些单位和民警作风不实，办事拖拉，行动迟缓，效率不高，致使一些矛盾问题久拖未决，不利于社会矛盾的化解，不利于社会经济的发展。四是执法程序还不够规范。一些单位和民警执法态度不严谨，在接处警工作、立案调查取证以及涉案物品管理等环节上存在程序不规范问题，导致工作处处被动，引发不必要的争议。五是执法监督不够健全。内部执法监督力量整合不够，导致重复监督、监督缺失等问题，缺乏全方位的执法监督机制。所以，加强执法规范化建设仍是我国警察法治化建设一项艰巨的任务。

目前，我国警察机关行使的警察权力是极为广泛的，其对公民个人自由和财产权利可以进行限制乃至剥夺，对人们的社会生活产生极大的影响。这种状态，植根于以往的计划经济体制。计划经济体制下，国家权力无所不能、无所不包，渗透着社会生活的所有领域，国家权力是极度膨胀和扩张的，个人依附于国家。政府职能突出管控特征，相应地警察权成为社会控制、管控的常态。随着我国经济体制的改革，计划经济逐渐向市场经济转变。与计划经济不同，市场经济则注重通过市场机制来配置资源。社会主义市场经济的建立，必然要求克服政府权力无所不在的情形，对政府职能转变和机构设置，包括对政府权力划分和行使提出了相应要求，要求政府转变职能，向有限型、服务型和责任型政府转变。适应政府职能转变要求，对警察职能进行规范，调整警察职权范围，解决警察权无限扩大和职责泛化的问题。政府权力的不断调整，既是经济因素根本作用的结果，也是政府权力不断回应经济因素的表现。

权力的强制性、扩张性和侵略性等特征决定了对权力必须加以有效的监督和制约。警察权作为国家体系的一部分，具有特殊性和重要性，对公民权利的影响极大，不仅可以限制或剥夺公民的人身自由，还可以剥夺公民的生命，所以对警察权必须审慎对待，将其纳入法治建设的轨道，规范警察权力，实施警察行为、管理警察事务等必须遵循法律规范，运用法律规范限制警察权力行使的范围、程序及其方法。警察执法水平事关一个国家的民主和法治建设，在推进法治过程中起着极为重要的作用，警察法治建设是法治政府建设极为重要的组成部分，能够促进国家整体的民主建设进程，但在新的形势和时代下，也面临诸多挑战。

当前，我国警察法治建设存在诸多问题，如在警察立法方面，警察法体系不完善，往往红头文件、政策和领导的指示成为指导警察行为的规则。重权力,轻人权,长期的管理型警务思维导致警察在社会事务上强调控制,轻服务,强调打击,弱化对公民权利的保护;重实体,轻程序,偏重于实体法规立法,忽视程序法规的建设。在执法方面,一些领导和民警法律素质不高,法制观念淡薄,执法观念落后,执法水平不高,漠视人权,特权思想突出。而在警察监督方面,存在监督机制不完善、监督不力,对违法违纪问题查处力度不够、领导责任制度不落实等问题。[①]推进警察法治建设,深化警察执法规范化建设,既是民心所向,也是全面深化警察改革、加强警察队伍建设的内在要求。

警察法治建设的目标,即是围绕警察立法法治、警察行政法治、警察刑事侦查法治、警察监督法治等内容展开,[②]实现在警察立法上初步适应社会主义市场经济、民主政治和人权保障的法律体系,在执法方面,执法水平得到提高,完善执法程序制度建设,在执法监督方面,建立统一、完善的执法监督机制等[③]。本书即是围绕以上警察法治建设问题展开。

---

① 程华:《警察法治建设面临的挑战与对策》,《河南公安高等专科学校学报》,2008年第4期。
② 李元起:《警察法治研究:问题、契机和途径》,《河南公安高等专科学校学报》,2008年第6期。
③ 程华:《警察法治建设面临的挑战与对策》,《河南公安高等专科学校学报》,2008年第4期。

第一章 警察及相关概念阐释

第一节 警 察

警察一词既古老而又新鲜,在不同的历史时期其含义处于一种动态发展的状态中。说其古老,在于警察自阶级社会产生便存在。说新鲜,警察的职能和范畴又随社会的进程不断发展、变化、更新,被赋予更丰富的含义。

"警察"一词,英语为"police",德语为"Die Polizei",法语为"La PoLice",源于拉丁文的"Politia",最早的含义是"都市统治的方法与都市力量"。到 14 世纪,"警察"一词引申到一切国家行政,权力涉及的面非常广泛,包括了政治、军事、司法和宗教等领域。因此,这一历史阶段又被称为"警察国家时期",即西方国家实现国家目的是直接利用警察权力得以实现,并且不受任何法律的约束①。到了中世纪,因政教分离,"Politia"一词排除宗教而特指政治,不过当时的政治概念包括了军事和司法。该概念最初传入法国,随后经法国传到德国等欧洲国家,德国的封建主运用警察的力量维护其政权,因此警察与政权同义。18 世纪,随着西方国家"脱警

---

① 萧伯符、张建良等著:《法治之下警察行政权的合理构建》,中国人民公安大学出版社,2008 年版,第 16-17 页,许韬:《比较法视野下的现代警察法基本理论》,中国检察出版社,2012 年版,第 1 页。

化"运动的出现,"警察"被限定为通过国家权力的强制方法,维护公共安全、秩序,对社会成员可能造成危险的政府及其工作人员的专称。

英文中的"Police"一词的演化分为三个过程:首先是名词,含义为城堡,后延伸为国家或城市;然后变为动词,含义为城市管理、行政管理及对人民的支持;最后变为现代意义的警察[①]。

警察一词正式在英文中出现是在1714年,当时苏格兰任命了警察总监一职(Commissioner of Police),不过当时的警察实际上是学习法国的骑警与宪兵,并非完全现代意义上的警察。直到1829年,英国内政大臣罗伯特·比尔创建了充分体现现代意义的英国伦敦大都市警察,Police 一词的含意由此才得以彻底成立。

在中国古代,"警"和"察"两字长期未作为一个单独的名词连接起来使用,也不具有现代意义上的专用之称。但两个字在古籍文献中早有记载,如《说文·言部》曰:"警,戒也。"《左传·宣公十一二年》:"军卫不彻,警也。""今平或者大警晋也";"警"从敬,"敬"为恭敬、端肃;"警"从言,表示与人的言行有关。"敬""言"为"警",表示以恭敬之心,用严肃的语言,郑重地告诉对方,使对方引以为戒或有所警惕、警觉或警醒。"察"字在古代有反复详审、考察周详、细看明辨之意,如在《说文》曰:"复察,复审也。"《楚辞·离骚》曰:"览察草木。"《吕氏春秋·本味》曰:"察其所以然。"如《孟子·梁惠王上》:"明足以察秋毫之末。"又

[①] 王大伟编著:《英美警察科学》,中国人民公安大学出版社,1995年版,第46页。

第一章 警察及相关概念阐释

如,《论语·卫灵公》:"众恶之,必察焉;众好之,必察焉。"

"警"与"察"作为一个词连用,最早见于唐朝颜师古给《汉书》作的注,"密令警察,不欲宣露也"。这里的"警察"被理解为一种秘密的调查控制活动①。

在古代,警察多作为动词使用,主要指以调查控制为特征的擒捕奸盗的行为,既不是指专门的机构,也未演化成固定的职业。

也有研究法制史的学者认为,中国近代以后使用的我国近代意义上的"警察"一词由日本引入。意大利汉学家马西尼(Federico Masini)在其著作《现代汉语词汇的形成》中认为:1884年(光绪十年),朝廷派傅云龙等人云美国、日本、秘鲁和巴西四国考察后,傅云龙写的考察报告中关于日本的《游历日本图经》《游历日本图经余记》中,就提到了日本字"警察"。不久 日本问题专题研究专家黄遵宪在著作《日本国志》里也简单介绍了日本警察制度②。从相关的文献考察,可以说我国现代意义的警察出现于清朝末年。1898年戊戌变法期间,黄遵宪效仿日本警视厅和西方国家的巡察制度,在湖南长沙成立了"湖南保卫局",后运动失败被裁撤。1900年(光绪二十六年)八国联军攻入北京,联军为维持治安,设置了有警察意义的"安民公所"。1901年(光绪二十七年),清政府为维持统治地位,实行"新政",兴办警政便是其中内容之一。1902年,清政府又正式设立"工巡总局",具体职责包

---

① 安政:《中国警察制度研究》,中国检察出版社,2009年版,第2页。
② 高文英《我国社会转型期的警察权配置问题研究》,群众出版社,2012年版,第30页。

括：执行京城内任务，审决杖刑以下的罪犯，处理简易民事案件等。1905年，清政府撤销"工巡总局"，在各地试办警政的同时，在朝廷设立中国第一个全国性的统一的中央警察机关——巡警部，分警政、警法、警保、警学、警务五司。1907年清政府在各省成立巡警道，从中央到地方形成了一个较完整的警察行政系统。

现今，对警察的定义受各国传统文化和社会制度影响各不相同。但维护国家安全和社会秩序是共同的特征，也因此，警察的权力涉及社会生活的各方面。目前，对警察的理解，主要有这几种：一是指警察机关及其执行警察任务的人员；二是指警察职权及其作用；三是指警察行为。《中华人民共和国人民警察法》（下称《人民警察法》）对"警察"没有给予明确的规定，根据《人民警察法》的解释，人民警察包括公安机关、国家安全机关、监狱、劳动教养管理机关的人民警察和人民法院、人民检察院的司法警察。[①]但按照日常大众的理解，警察其实往往包含有警察组织机构和警察人员的双重含义，很多情况下"警察"一词是在机关和人员双重意义上使用。在不同的语境下，警察既可能指警察组织，也可能指警察个体。本文认同有学者对警察的这种界定：在国家统治和管理（治理）中，根据统治阶级意志，具有行政、刑事司法职能及特殊强制手段的国家武装力量，具有武装性质，依法维护国家安全和管理社会治安秩序，预防和惩治违法犯罪的特殊机关、公职人员和职业。[②]

---

① 本文研究的警察限定为公安机关的人民警察，若无特别说明，则指公安机关意义上的警察。
② 李步云、李先波主编：《警察执法与人权保护》，湖南大学出版社，2013年版，第37页。

第二节 警察权

一、警察权的概念及构成要素

（一）警察权的概念

我国学界对警察权的界定，具体体现在以下几种：

观点一：以警察职能任务为出发点，认为警察权是为了维护国家安全和社会治安稳定而进行治安管理与惩治犯罪职能活动的国家权力。[1]

观点二：认为警察权有广义和狭义之分，广义上的警察权是指国家赋予公安机关的一切权力。狭义上的警察权与警察行政权等同，仅指国家赋予公安机关进行行政管理的权力。[2]

观点三：也从警察权广义、狭义的区分出发，认为广义的警察权，是指国家有关警察活动的一切权力，包括国家关于警察工作的立法权、决策权和执行权。狭义的警察权，是指法律赋予警察机关及其警察人员执行警察法规范、实行警务活动时享有的权力。[3]

观点四：有学者将警察权分广义、中义、狭义来理解。广义是指国家机关有关警察行为的决策和实施的权力。认为警察权是国家权力中的管辖权和自卫权，是为了防止和镇压

---

[1] 萧伯符、张建良等著：《法治之下警察行政权的合理构建》，中国人民公安大学出版社，2008年版，第18页。
[2] 高文英：《警察法学教程》，警官教育出版社，1999年版，第12页。
[3] 许韬：《比较法视野下的现代警察法基本理论》，中国检察出版社，2012年版，第5页。

国内异己力量的颠覆、排挤和破坏，协调、化解各种社会矛盾，保证社会处在一定秩序之内的警察权力；中义的警察权是指国家赋予警察机关的权力，包括治安行政管理方面的权力、刑事诉讼方面的权力和武装方面的权力三大类；狭义的警察权是指警察机构治安行政管理方面的权力。①

以上的观点，从国家权力的不同层次上对警察权概念进行了界定，不管表达的方式如何，意义也有所差异，但并无本质上的区别。警察权是一个历史范畴的概念，随着人类社会的发展变化而发展变化，警察权本质上又作为一种政治设计，为国家和国家的代表即政府而生，因社会的安宁和秩序而存在。②在阶级社会，没有警察的存在，就没有社会的秩序，从而可以说警察权区别于其他国家权力的特性是"维护国家安全和社会生活秩序的权力"，而这一特性主要通过治安管理来体现。"警察之权力为国家所赋予，非个人所得而私。""民主主义国家，不以法律，不得制限人民自由，因而警察权的基础，必须源于法律。"③

综上，警察权的概念包含三层含义：首先，警察权来源于宪法和法律的规定，宪法以原则形式对警察权作了规定，具体的警察权则在单行法律中予以设置和确认，非以宪法和法律为基础，警察权就失去了存在和实施的法律基础。其次，警察权的拥有主体是警察机关，由警察机关代表国家行使。

---

① 聂福茂，余凌云主编：《警察行政法学》，中国人民公安大学出版社，2005年版，第22-23页。
② 许韬：《比较法视野下的现代警察法基本理论》，中国检察出版社，2012年版，第21页。
③ [日]松井茂：《警察学纲要》，吴石译，中国政法大学出版社，2004年版，第14-29页。

第一章　警察及相关概念阐释

最后，警察权作用于警务活动领域，是维护国家安全和社会治安秩序等警务活动领域的一种国家权力。

所以，警察权有广义和狭义的理解。广义的警察权是指国家机关有关警察行为的决策和实施的权利，包括国家关于职能的立法权、司法权和行政管理权。狭义的警察权是指由宪法和法律赋予警察机关执行警察法律规范、实施警务活动的一种资格和能力，也就是警察职权。

（二）警察权的构成要素

在现代法治意义上，对公权力进行分配、设置时应具备法定的构成要件，具备法定的形式。警察权作为国家权力的重要组成部分，必然也要遵循这一要求，基于此，警察权的构成要素应包括警察权主体、警察权依据、警察权目的和警察权内容四个方面。①

1. 警察权主体

警察权作为国家权力的重要组成部分，国家性是其最重要的特征，也因此决定了警察权的主体是国家。警察权的实施则是通过特定主体——警察机关和警察人员来实现。警察是国家的警察，警察权是与公民权利对应的国家权力，与公民权利、自由的保护关系甚大，对公众的生活发生直接的影响，因而必须对行使警察权的主体的范围和资格进行法制化的限定。同时警察权作为一种国家权力，体现了国家意志，权力来源和作用的后果必然属于国家，何种机构或人员才有资格享有警察权是极为严肃、重大的议题，由此决定了警察权的

---

① 刘贵峰：《我国警察权研究》，中国政法大学博士研究生学位论文，2006年，第46-50页。

行使主体只能是国家特别赋予警察职权的警察机关及其警察人员。即使依法受警察权主体委托行使部分警察权的组织，也只能以委托者名义，在被委托权限内实施行为，且法律后果由委托者承担，其本身并不具有警察权主体资格。

2. 警察权依据

警察权的依据是"法"，警察权受之于宪法和法律，警察权存在和行使的合法性基础在于通过宪法和法律的确认、设置。其中宪法确认的是警察对公民基本权利的保障性权力，法律则设定的是警察对公民行为的限制性权力。在这里，对警察权依据上的"法"应做广义上的理解。广义上的"法"包括了宪法、法律、行政法规、部门规章、地方性发挥和自治条例、地方规章等。特别值得注意的是，在我国，公安系统内部的文件往往成为警察权存在和行使的最重要的依据。如公安部在2003年实施的"五条禁令"；2006年10月，公安部下发的《关于实施社区和农村警务战略的决定》，深入推动了社区（农村）警务的建设，这也是中国警政改革的重要举措。公安机关内部规定的一些执法规范、纪律条令往往成为警察行为指导准则，成为警察行使职权的依据。

3. 警察权目的

在现代社会中，"警察权以维护社会秩序找到了存在的正当性"[①]。从警察产生过程来看，维护社会秩序并非警察权存在的根本目的，在警察国，警察存在的目的是为了保卫君主的权力自由，其他一切都置于这个目的之下。而在法治国，

---

① 王智军：《警察的政治属性》，社会科学文献出版社，2009年版，第138页。

国家行为的正当性和行为方式,都受法的条件限制,取决于法。这也必然决定了警察权力的发动和运行必须有法律授权,警察命令的发布也需依法而为,"警察被限定为保护个人权利和维持社会秩序的目的和手段。由此可见,警察职能是随着国家职能的演变而不断变化,最终由一般统治权的概念演化到了以维护社会秩序为职责的特别统治权的概念"①。

4. 警察权的内容

有关警察权内容的认识,有学者认为包括制规权、命令权、指挥权、执行权、裁决权、处罚权、强制权。②有学者将警察权区分为抽象警察权和具体警察权。抽象警察权指警察的设立权、招募权、培训权等,属于警察机构所有,警察人员个体不拥有抽象警察权。具体警察权则主要指警察机关和警察人员以组织或个体名义实施的诸如户政管理、交通指挥、消防检查等职权。其根据警察权力适用客体对象不同,分为一般警察权与特殊警察权;根据警察权的性质,分为行政型、刑事(司法)型和军事型警察权。③还有学者从警种工作性质进行区分,警察权包括制定警察规范性文件方面的权力、警察行政管理方面的权力、警察刑事侦查方面的权力、部分刑罚执行方面的权力、紧急治安情况处置方面的权力等。④

---

① 王智军:《警察的政治属性》,社会科学文献出版社,2009年版,第139页。
② 惠生武:《警察法论纲》,中国政法大学出版社 1999年版,第135-140页。
③ 李健和:《论我国警察权力的属性和类别——警察权力专题研究之一》,《中国人民公安大学学报(社会科学版)》,2007年第3期。
④ 高文英:《警察行政法探究》,群众出版社,2004年版,第13-14页。

对于警察权不管怎么理解，只是观察的角度不同而已，上述观点基本反映出了警察权的主要内容。对警察权内容的理解，应从警察权抽象意义和具体内容即警察职能、警察职权等方面综合去理解。当把警察权放在国家权力体系、宪法角度而言，就是抽象意义的概念，若从具体的实务层面来理解，则是通过立法实现具体的警察职能和警察职权的转变。

（三）警察权属性

1. 多维视角的分析

对警察权属性的研究，是警察权配置和运行理论体系基础的重要一环，一直是个争议颇大的主题。因研究视角的差异，对警察权的性质有多种观点。有学者从阶级性质和职能性质进行分析：

警察权的阶级性质，即警察权所代表的和体现的阶级意志和利益，国家的性质决定警察权的基本性质，从而有资本主义国家性质的警察权和社会主义国家性质的警察权的区分。

警察权的职能性质则主要通过法定性、单方性、强制性三个方面来体现。法定性在于警察权由法律、法规加以明确规定，警察权行使主体只能是警察机关和警务人员，而警察权的行使必须依照法定的目的、内容、方式、程序实现。单方性在于，警察权的行使体现了国家的单方意志，警察机关往往以命令、指挥等形式实施，并不征得权力实施对象的同意。强制性在于警察权的典型特征在于其强制性，经常是以强制方法和手段实现权力内容[①]。

---

① 惠生武：《警察法论纲》，中国政法大学出版社，1999年版，第131-133页。

第一章 警察及相关概念阐释

有学者从理论基础、现实基础与法律基础三方面探讨警察权的属性,认为警察权具有政治性、军事性、行政性、司法性①。这是从警察组织体系、警察职能特征、警察权法律属性上对警察权进行综合的分析。

以公权力视角分析警察权也是一个主流观点,持此观点的学者认为警察权产生的基础是国家权力即公共权力,警察权是适应公共权力的需要而产生,公共权力即为警察权的内在本质②。

还有学者从法哲学、社会学、伦理学等多维视角对警察权进行学科交叉的探讨:人类生存与发展的需要是警察权产生的驱动力,即为保障个人最基本的生命健康和财产权利,需要赋予专门机构特定权力,向成员灌输规则,惩罚违反者,保证一切行之有效;秩序作为维系社会存续、发展的基础,警察权应维护秩序、控制冲突的现实需求而生;维护正义亦是警察权存在的合理性基础③。

2. 警察权的法律属性

近年来,因警察权被滥用的现象时有发生,在警察法治理念下,对警察权的合理配置和有效监督成为学者探讨的一个热点,而对警察权属性进行界定便是一个不可回避的论题,这决定警察法治建设过程对警察权的原则定位、价值取向、

---

① 李健和:《论我国警察权力的属性和类别》,《中国人民公安大学学报(社会科学版)》,2007 年第 3 期。
② 惠生武,马腾:《论警察权的性质与特点》,《河南公安高等专科学校学报》,2010 年第 2 期。
③ 徐武生,高文英主编:《警察法学理论研究综述》,中国人民公安大学出版社,2013 年版,第 36-37 页。

内容界定等问题。

警察权的法律属性主要是从警察权属于行政权或司法权的角度来进行探讨的。从法理学、现实理论进行探讨，将警察权作为一种兼备行政权和司法权的权力是目前我国学界较为通行的观点。

学者的观点在于就目前我国警察机关实际职权来看，包括了治安行政管理权和刑事侦查权，行政职权属于典型的行政权的范畴。警察所具有的预防、制止和惩治违法犯罪的权力，虽限定在侦查、拘留、执行逮捕的范围内，但属于司法权的特定组成部分。对警察权属于行政权这并无太大的争议，主要分歧在于司法属性的认定。我国在实践中，是将警察刑事侦查权与检察权和审判权共同置于"司法权"名下的，笼统的司法机关包括了警察、检察院、法院，并将三者在惩治犯罪、维护治安职能上进行统一，又统辖于"政法部门"之下。《中华人民共和国刑法》（下文称《刑法》）第九十四条亦将"侦查人员"界定在司法人员的范围内，从而使警察权的司法属性定位获得了立法上的依据①。这也正是实务中因警察权被赋予的司法权属性，使警察在社会管理和打击犯罪中被赋予更多的司法功能，警察权的扩张现象突出，从而产生警力滥用、警察权滥用的现实矛盾。

对警察权法律属性上认定的争议，归根结底在于我国警察机关设置上的历史传统因素，即最初在警察权属性的界定上便是模糊化的。不同于英国、法国、德国、日本等国的警

---

① 许韬：《比较法视野下的现代警察法基本理论》，中国检察出版社，2012年版，第9-10页。

察权都是典型的行政权范畴,我国警察权在理论认识上和实务中都造成警察兼具行政和司法双重职能的特性。纵观国外,在现代法治国家,对警察权的限制是对国家权力进行制约的重要内容。从这个意义上看,我国警察法治的建设必然也是包含着警察权治理的意义,不论是从司法权与行政权的本质特征上进行界定区分,还是从警察权配置目的、发挥的功能及活动程序等上看,警察权本质上都应界定为行政权力,其理由在于:

首先,警察权具有积极主动性。与司法权被动接受冲突双方解决冲突的立场不同,警察权的行使不以冲突、纠纷存在为前提,可以主动干预、管理、服务、协调社会活动和生活,以典型的行政方式来维护公共利益和个人利益。

其次,警察权是一种执行权。警察管理社会的活动是一种管理者和被管理者、处罚者和被处罚者的关系,警察权行使通常是一种单方运作的结果,并无中立的第三方,但同时警察自身也没有对限制、剥夺公民权利、人身自由的行为的合法性进行最终裁决的权力。而司法权则具有裁断权力,作为第三方的裁判者,对争议双方的争议进行公正判决,其裁判还具有终局性的特点。目前,我国特定领域的某型警察行为具有终局效力,但其公正性往往被质疑,同时这并不是警察权体系构建的价值定位和目标追求,随着社会的发展,警察的终局行为将会被逐步纳入司法审查的范围。

最后,在组织机构体系上,我国警察组织机构拥有纵向和横向上的双重领导特点,既受上级警察机关的领导,又受同级人民政府的管辖,行政机关性质明显。

支持警察权为行政权的观点还在于从警察权在国家权力

谱系中所处位置进行分析。在国家政体决定的权力谱系中，全国人民代表大会是最高权力机关，拥有立法权，之下则是行政权和司法权，行政权和司法权是两个不同的权力系统，不能相交也不能重合，公安机关是政府的一个部门[①]。这种观点与现阶段我国警察机关的组织体系设置所体现的组织性质是契合的。

在我国，人民警察自成立以来，在认识上和法律上一直尚待解决的基本问题即是：警察权是什么？在法律层面，中华人民共和国成立后，从《中华人民共和国人民警察条例》（下文称《人民警察条例》)《人民警察法》到《公安机关组织管理条例》，从组织法的角度为警察和警察机关的性质作出的规定，也就等于规定了警察权的性质。这些不同的规定体现了我国立法对警察权认识的摇摆不定。

1957年制定的《人民警察条例》（已废止）第一条规定警察是国家治安性质力量，即确定警察是行政人员，行使的警察权就是行政权。而在制定《人民警察法》之初，通稿试图将警察描述为"人民民主专政政权武装性质的治安行政力量和司法力量"，但未获通过，主要的反对理由是警察不能定性为武装力量，否则违背宪法规定，所以现行《人民警察法》回避了警察权属性的规定。但从其制定过程不难看出，我国对警察权性质的思考，也是在认识上不断进步的。

2006年制定的《公安机关组织管理条例》对公安机关的性质定位是人民民主专政工具，人民警察是武装性质的国家治安性质力量和刑事司法力量。即公安机关行使的警察权既

---

① 徐武生、高文英主编：《警察法学理论研究综述》，中国人民公安大学出版社，2013年版，第39-41页。

有行政权又有司法权。这一规定不仅与《人民警察法》所否定的武装性质定位矛盾，即在立法权限上行政机关作出这样规定也值得商榷①。

在法治国家建设过程中，警察法治建设是重要内容，警察权的规制是警察法治的核心内容。这就需要对警察权在国家权力结构体系中寻求一个科学合理正当的定位。对警察权的定位研究，包含了对警察权的性质及其发展规律的探索，实现路径必然地研究其法理和法律基础。对警察权属性的定位研究，只能在法律基础上寻找逻辑自洽。目前对警察权属性的多维视角探讨，体现了理论界对警察权问题的研究理性和日趋成熟，但由于警察权性质得以确立的国家权力分工基础，在理论和实践上并非泾渭分明，也因此决定了很难根据权力分工理论得出警察权性质非此即彼的绝对性结论。若拘泥于行政权或司法权性质的辨析，难免陷入二元论认识的思维困境②。在现有制度背景以及理论背景下，应更多关注警察权如何配置与运行问题，我国警察权在实然层面出现的一些司法权特征及其带来的警察权规制问题，也应当通过完善警察权的配置与运行予以改变，这也是警察权治理的两个关键问题。

二、警察权的存在样态

（一）警察国的警察权

警察国家（police state），又叫"行政国"，是对应法治国

---

① 师维：《警察法若干问题研究》，中国人民公安大学出版社，2012年版，第11-13页。
② 王洪芳：《对学界关于警察权性质认识的思考》，《行政与法》，2008年第5期。

家而言的,"是指国家不主要仰仗法律体系的力量来治理国家,而主要依靠警察的强制力来维护统治,提供公民安全的服务"①。在警察国家,警察权力与军队、司法裁判权混为一体,作为权力的最直接执行者——警察,往往拥有极大的权力。"政府不受法律约束,呈现极权特征,任意侵犯个人权利和自由,对人民实行全面、严密和镇压性的控制,凭借警察等暴力工具维持政治统治和社会秩序。"②警察国家的概念源于17世纪欧洲社会制度变迁过程,当时的国家和社会关系背景是17世纪的专制国家向19世纪立宪政体的过渡期,在欧洲它以德国的腓特烈·威廉(1620—1688)国王时代为代表,普鲁士和奥地利等国都是典型的警察国家。中国,明朝的锦衣卫、东厂、西厂所构成的国家的严密控制状态,也是警察国家的代表。第二次世界大战时期的德国、日本、意大利等国由法西斯当政也属于警察国家。警察国家把公权力推到极限,政府职能扩张,行政权主宰一切,警察代表国家成了执行力量的唯一部门,警察权力深入到国家各个角落或者阶层,享有最细致、具体的行政管理及犯罪处置的权力,既享有具体执法权力,又享有抽象立法权力以及最终处置的权力。此时,国家和社会的关系形成一种极端的情形,国家和政府都成为极权主义的国家、政府,可以在缺乏法律程序的前提下,直接以行政力量控制人民,指导人民如何生活。国家已真正凌驾于社会之上,社会甚至在国家的强势面前,丧失了起码的

---

① 王智军:《警察的政治属性》,社会科学文献出版社,2009年版,第104页。
② 章剑:《论警察国家——以纳粹德国和〈1984〉大洋国为样本》,《江苏警官学院学报》,2013年第6期。

第一章　警察及相关概念阐释

表达权利，自身权益难以保障，自由也成奢望。

（二）法治国的警察权

"专制时代，限制人民之自由……民主主义之国家，则不依法律，不得制限人民自由，故警权之基础，须求之于法律。"①在法治国，警察权力的发动及运行必须有法律之授权，警察发布命令也需要依据法律而为之。在现代民主社会中，警察在行使职权中更多的是执行法律，警察可以说是民主和法治的捍卫者。警察权也从一般统治权的概念演化到了以维护社会秩序为职责的特别统治权的概念。法治国对于警察权的核心意义在于，国家不仅要依据法律通过警察权进行统治，而且警察权力及其代表的国家本身也是法所统治的内容，通过警察权力受法律控制这一事实本身，以排除警察权力的恣意及滥用。通过法律的控制使得警察权力向着保障人民权利的方向加强，从而保证人民按照自己意愿实现驾驭自己自由以及保证警察权力适应人民权利的要求。

（三）福利国的警察权

福利国，也叫社会国，指的是政府为了消除社会矛盾、保障社会稳定，向公民提供广泛社会福利项目的国家，体现在警察权的行使是压缩警察干预行政。在德国的社会国时期，警察开展了"脱警察化运动"，即除保留一部分紧急性、强制性、广泛性的危害防止等干预性行政外，其余的行政，皆委托其他行政机关以及秩序机关处理。②警察法治化是一个必然

---

① [日]松井茂：《警察学纲要》，吴石译，中国政法大学出版社，2004年版，第29页。
② 宋远升：《警察论》，法律出版社，2013年版，第155页。

的趋势，在这个过程中，警察权自身在限缩和扩张中不断重复、摇摆。然而在社会国，警察却有减少干预人民生活的趋势，警察的职能由政治向行政转变，由管理向服务演化。基于人民社会福利最大限度保护的要求，警察权力也从压制性、暴力性向公共性及服务性转型。

第三节　警察职能及其发展

一、警察职能

警察职能是指警察在维护公共安全中所具有和发挥的社会效能和作用，警察职能由国家的职能决定，警察的职能是国家本质和国家职能的内在要求和具体表现。国家既有政治职能，又有社会管理职能，由此决定了警察职能的双重性，警察不仅是国家进行阶级专政的工具，而且是国家进行社会管理的机构。当然，随着社会对警察职能发展的需求，现今警察还具有社会服务职能。

警察的政治职能，主要表现为警察使用暴力，维护统治阶层的利益和维护国家安全，对威胁统治阶级的政治统治与国家安全的敌对势力进行干预、镇压。

警察的社会管理职能，表现为维护社会公共安全事业的专门职能，其对社会治安秩序的管理和对刑事犯罪的侦查控制，能够为经济社会发展和人民安居乐业创造稳定的治安环境。其根本性质在于维护统治阶级利益，但在一定程度上也维护着广大社会成员的利益。"从社会调控的角度而言，警察作为国家调控机制中的一个组成部分，始终是按照国家的意志，行使着调控社会的基本职能。"①

警察的社会服务职能。广义的警察社会服务职能指服务于社会建设大局的职能，包括服务经济建设、服务社会和服务公众。狭义的警察社会服务职能仅指服务公众，即警察通过实施具体的警务活动为公众提供直接的服务，在具体行政行为中提供便利。在我国建设服务型政府的大背景下，警察服务职能成为新时期一项重要的职能，与其他两项职能同样重要。

二、中外警察职能发展

警察的发端并存于国家的起源，警察自其诞生起就是国家权力的组成部分，也是国家权力的标志和象征，并一直作为国家权能释放的保证。由此决定了警察的流变与国家发展史相伴相随，警察的制度、性质、警察权及职能的变迁伴随着国家的发展和演化。警察职能的发展变化对应国家职能的发展变化，警察权和警察职能的考察就必然以历史研究法，从各国体制与警察制度发展历史脉络去分析总结。

18世纪末19世纪初，随着近代警察制度的酝酿和创立，对警察职能的认识和明确定位不断发展。警察职能是不断演变的过程，在不同的历史阶段表现出不同的特点，但"中西各主要国家对警察职能的认识和定位是一个初步提出、片面发展、全面成熟的过程"②，就发展轨迹而言近乎相同。

---

① 吴必康主编：《英美现代社会调控机制：历史实践的若干研究》，人民出版社，2002年版，第215-216。
② 张兆端：《警察哲学：哲学视阈中的警察学原理》，中国人民公安大学出版社，2010年版，第192页。

1. 西方警察职能的发展

在人类社会发展的早期阶段，逐渐形成了对社会秩序的需求，虽然还没有现代意义的警察组织，但产生了维持社会治安和秩序的权力行使组织。早期国家警察职能行使的特点是"军警不分，政警一体"。到了近代，警察机关从其他国家机关独立出来，得以独立行使警察职能。随着社会发展，西方国家经济迅猛发展，私人占有制和生产社会化之间的矛盾尖锐，社会治安严峻，为适应社会管理需求，警察部门也不断在调整警务工作方法，调整警察职能，从而引发了近现代四次警务革命，每一次警务变革，都是一次深刻的警察职能变化。

第一次警务革命（1829—1920年），罗伯特·比尔建立英国伦敦大都市警察。工业革命和城市化带来了社会的急剧变化，大量农民、牧民涌向城市，在这进程中，社会治安急剧动荡，充满了各种违法犯罪。面对严峻的社会治安挑战，英国国会在1829年通过《大伦敦警察法》，由罗伯特·比尔负责组建了西方公认的世界上最早的专职警察，即伦敦大都市警察，产生了世界上最早的警察局——苏格兰场[①]。比尔确立了建警十二条原则，为后世警察科学的发展奠定了基础。其中第一条"警察应以军队为榜样，建成一支稳定的行之有效的队伍"和第二条"警察必须在政府的控制之下"，实质上突出了警察的暴力工具性，即警察的政治职能。后十条原则体现了警察打击犯罪、服务群众的社会管理和社会服务职能。

---

① 王大伟：《第五次警务革命：十论世界警务大趋势》，中国人民公安大学出版社，2012年版，第30-34页；周章琪：《中西警察职能比较》，《湖北警官学院学报》，2005年第3期。

第一章 警察及相关概念阐释

第二次警务革命（1920—1930年），美国警察专业化运动。最初，美国警察担负着大量非警务活动，成为地方政权的看家护院人，由此美国提出警察应向法律负责，而非受地方政权的约束，从腐败政治中分离出来，加强教育培训，注重专业化，采取一种更职业化的模式开展工作，发展成为独立高效的队伍。但也导致了内部分工过于细致，警察职能向单一的打击犯罪过渡[1]。

第三次警务革命（1930—1970年），欧美警察的现代化。这一阶段强调通讯、车辆等现代化装备在警务工作中的运用，把警察推到了警察史上的一个黄金时代。这一时期认为"警察是打击犯罪的战士"，警察全副武装，乘机动车巡逻成为主要方式，警察变为单纯的刑事警察，唯一的职能是打击犯罪。带来了一系列弊病，如警民关系恶化，犯罪不减反增[2]。

第四次警务革命（1970年至今），欧美各国的"社区警务运动"。由于脱离公众的警务工作，警察在维护社会秩序方面收效甚微，相反的对警察机构的投入却高涨。且专家们在调查论证中发现，警察接警中仅有20%与犯罪有关，其余则为社会服务性要求，因此西方国家把警察工作回归到社区上来，认为遏制犯罪在社区，公众是打击犯罪的主力军，从而使警察的主要职能向服务社会转变。

近年来，西方国家的警察职能日渐趋于一致，主要是打击犯罪、行政管理和提供社会福利性服务三个方面，其中以

---

[1] 王大伟：《外国警察科学》，中国人民公安大学出版社，2012年版，第293页。

[2] 王大伟：《第五次警务革命：十论世界警务大趋势》，中国人民公安大学出版社，2012年版，第35页。

提供社会福利性服务为工作的主干,在注重打击犯罪的同时,注重社会管理和服务民众的职能。但由于服务是广泛的,所以警察职能呈现扩张的发展趋势,如美国学者所言:警察是集外科医生、律师、婚姻家庭顾问、犯罪终结者等所有角色为一体①。

2. 中国警察职能的发展

中华人民共和国成立前,我国警察的政治镇压职能尤为突出,虽然具有一定的社会管理职能,但以收集军事情报、镇压反对派为主要特点②。中华人民共和国成立到改革开放前,因这一时期的中心工作主要是以"阶级斗争为纲",所以警察的基本职能就是专政,并发挥了社会管理职能,巩固了人民政权,保护了人民民主与合法权益,通过治安整治,取缔了"黄、毒、赌",营造了良好治安。但是,在以"阶级斗争为纲"的混乱时期,过于夸大警察的专政职能,从而形成"重打击,轻保护""重管理,轻服务""重实体,轻程序"、侵犯人权等错误认识,直到后来的"砸烂公检法",警察工作陷入混乱。

改革开放后,国家以"经济建设为中心",为适应社会经济的发展,我国警察的职能也发生了重大变化,从以专政职能为主转移到打击严重刑事犯罪工作上来,在中央文件中明确提出了新时期警察的职能是"打击敌人,保护人民,惩治犯罪,服务四化",第一次明确提出警察的服务职能,尤其以

---

① 李青:《英美发达国家警察职能的历史演变对我国警察现阶段职能定位的参照作用之探讨》,《公安研究》,2011年第11期。
② 周章琪:《中西警察职能比较》,《湖北警官学院学报》,2005年第3期。

110报警服务平台提供的24小时应急服务为典型服务职能。1995年出台的《人民警察法》以法律形式明确了警察的社会职能和责任、服务职能。在政府由"管理型"向"服务型"转变过程中，作为与群众联系最为紧密的部门，我国警察也随之改革，从而调整、扩大了警察社会管理和服务民众方面的职能，警察职能既有专政职能，又有民主职能；既有管理职能，又有服务职能。

从上述中外警察职能研究比较，可以看出警察职能变化的一些规律。首先，近代专职警察机关的职能重心经历了由"政治镇压"到"社会管理"，再到"公众服务"的转变过程，一般而言，警察职能的重心随着国家社会的主要矛盾而调整、变化。其次，警察职能呈现扩张趋势。传统警务注重对社会秩序的维护功能，突出对犯罪的打击功能，从而大量装备现代技术，但犯罪率并不因此得到遏制，同时也疏远了与公众的关系。反思这种唯打击论的警务理念，进而开始反思警察在服务领域的职能，扩大其社会的职能。最后，法治化是警察职能转变的必然路径。世界各国在对警察职能进行调整时，都遵循严格的法律规定，警察职能的发挥受到严格限制，以防止警察的恣意妄为。

目前，我国警察职能定位仍不明晰，因此在警察权配置、运行上存在诸多问题，警察权滥用、运行失范现象多有发生。基于此，我国警察职能的调整和警察权的配置，应当借鉴国外先进的理念和做法，从国家权力体制和警察法治的角度，合理配置我国警察权，建立完善的警察权监督、制约机制，理顺我国警察权构架。

第二章 我国警察权运行现状

第一节 我国警察权运行的现实社会环境

警察权配置和运行不仅是立法技术的问题，同时还关涉本国国情。在警察权运行的背后，实际上是政府与社会、行政与司法、中央与地方、政府部门之间的博弈与制衡。所以警察权的运行必须根据社会治安现状和社会对警察权行使的需要而定。因此，考察我国现实国情就成为一个必要。

一、我国处于社会转型期

现阶段，我国正处于社会转型期，社会转型使政府环境发生了重大变化，促成政府的转型。即"中国社会从传统社会向现代社会、从农业社会向工业社会和信息社会、从封闭社会向开放性社会发展的社会变迁"，"是一个通过社会经济、政治、文化的重新组合而使社会走向现代化的过程"[1]。它包括了经济、政治、文化、观念等方面的转型。

政府系统是在一定的社会环境中运行，社会环境必然影响政府组织的内部结构、功能和运行。社会转型，必然引起了我国政府所处的社会环境广泛而深刻的变化，并促成政府

---

[1] 颜佳华：《当代中国社会转型期政府权力运行机制重塑研究》，湖南人民出版社，2009年版，第5-12页。

适应新的环境变化要求。从法律角度而言，社会的转型即是从传统治理模式向现代法治治理模式的转变。[①]2013年，中共十八届三中全会首次提出："全面深化改革的总目标是完善和发展中国特色社会主义制度，推进国家治理体系和治理能力现代化。"从"社会管理"到"社会治理"，预示着我国一场深刻的政策变革和制度创新。改革开放以来，在社会建设进程中，伴随经济的高速发展，一系列社会问题产生，"国家万能"模式已无法承载社会治理的功能期待，社会呼吁治理模式的改革。法治作为国家治理的基本方式，是实现善治的路径选择。警察法治建设作为现代国家实现法治的一部分，成为警政改革的一个目标导向。

法治是现代国家政治文明的普遍准则，法治所包含的限制国家权力和保障公民权利的精神，必然是警察法治应有之精神内核。法治既是一种治理警察权力的基本原则，亦是规制警察权力的最佳路径。法治对于警察权的制约表现为这样的逻辑：为了保障个体的自由和权利，政治生活中的公共权力必须受到制约；而为了制约公共权力，就必须实现法治。在社会转型期对警察法治的要求，具体体现在警察权的配置上，就需要解决好以下几方面的问题：

一是要秉持警察权力受约束和监督的法律思维，在警察职权设置、警察任务分配上要形成民主、科学的立法制度，实现"良法""善治"的目标。

二是要警察权力的配置要能很好地保障公民自由和权利。确认公民广泛的自由和权利，并给予平等的法律保护。

[①] 付子堂，赵树坤等：《发展中法治论：当代中国转型期的法律与社会研究》，北京大学出版社，2013年版，第11页。

以公民合法权利制约警察权力，抵制警察权对公民私权利的干涉和侵犯。通过建立完善的权利救济制度，使公民在权利受到侵犯时能够有效得到救济和恢复。

三是科学、有序分配警察内部权力构成，分工法制化、权责统一化，确保权力协调有效运行，并能互相监督。

四是建立完善的执法权益保障机制。对警察履行职能的权利要通过立法予以保障。警察自身的权利也属于人权，同样需要国家和社会予以承认、尊重、保护和促进。针对近年袭警事件频发，因公牺牲、受伤的民警数量上升的情况，要加强职业保障立法，提高警察执法权威。

二、我国社会治安现状

（一）社会利益多元化，矛盾冲突频发

随着改革开放，我国经济得到高速发展，也引发了一系列社会问题：一是贫富差距拉大，社会分配不公相当严重；二是权力腐败严重；三是社会不安情绪突出。如"三鹿牛奶"、染色馒头、天津滨海新区爆炸事故等，都给社会带来不安情绪。伴随市场化，个人主义、自由主义，乃至拜金主义等思想涌动，趋利行动盛行，其结果是以冲突主体多元、冲突内容复杂交织、冲突形态多样等为特征的群体事件频发。一些大规模的群体性事件的发生给社会秩序、安全带来巨大威胁，绳油村和四川汉源的群体事件就是因征地、补偿引发的。当前我国政治体制不健全、民主法治不完善、收入差距拉大、生态环境恶化、就业、住房等众多问题造成的社会矛盾的客观存在，决定了在未来相当长时期内，应对、处置和治理群体性事件仍是政府工作的重要内容，对警察机关而言，完善警察处置突发事件立法，规范处置范围、程序和手段尤为重要。

（二）人员流动加剧，社会管理难度增大

科技的发展和交通的发达，人们的生活地域限制被突破，社会人口流动加剧，整个社会结构、生活发生了巨大转变。尤其在20世纪80年代后期，随着城乡经济体制改革，以城乡居民划分身份、封闭的二元社会结构逐渐被打破，大量农村剩余劳动力流向乡镇、城市。人员流动带来了一系列社会管理问题，也给社会治安带来了巨大隐患，同时也暴露出政府在社会治安管理上模式、方式上的短板，急需管理制度创新。

（三）警民矛盾突出，执法权威下降

计划经济向市场经济的转变带来了人民观念的巨大改变，逐利倾向突出，拜金主义盛行。部分警察受到拜金主义影响，为违法犯罪充当保护伞，甚至参与其中寻求个人利益，徇私枉法、侵犯公民利益的现象时有发生。近年发生的警民冲突事件、袭警事件侧面表现警察队伍在廉洁建设、公正执法、人权保障上的缺位。需要从组织管理、廉洁建设、警务改革多方位着手，加强警察法治建设，提高警察执法权威，培育良好的警民关系。

第二节 警察权运行失范表现

追求权力规范、权利保障、利益平衡和效率优先的行政秩序是现代行政法的目标。[①]因此，行政职权的运行必须受到法律的规范，警察职权的运行亦如此。但警察职权行为的发生依赖于警察职权主体——警察机关和警务人员作出行为。结果是，警察机关作为国家机关执法队伍中人员最庞大、执法范围最广泛的执法部门，警察权的运行面临更为复杂的环境和个人因素，其发挥效能的结果可能不都尽如人意，并不必然的符合法律规范，而是违反法律的规定，产生警察权运行失范的情况时有发生。从实践来看，警察权运行失范问题主要表现为越权、滥用职权、警察失职、事实依据错误、程序违法等几类。

一、越权行使警察职权

警察越权，又称为超越职权，是指警察机关或法律法规授权的组织及其人员，以及受委托的组织或人员超越法定的权力或授权、委托的权力及其限度而作出的不属于警察职权范围的行为。[②]越权是警察权运行失范最为典型的现象。

根据法定性原则，警察权只能由警察这个特定的主体实施，警察权限范围亦由法律明确规定。警察权主体实施了根本不具有职权的行为，该越权行为属于违法，当然的无效。在实践中，警察权运行超越职权范围主要体现在以下几个方面：首先，基于对"服务型警务"转变观念的不足和服务职能定位的模糊，使服务内容泛化，以"110报警服务平台"为

[①] 王学辉，宋玉波等著：《行政权研究》，中国检察出版社，2002年版，第191页。

[②] 王学辉，宋玉波等著：《行政权研究》，中国检察出版社，2002年版，第196页；裴东波：《"转型时期"的警察权运行失范与政治文化》，法律出版社，2009年版，第47页。

例,因"有困难找警察""有事请拨110"的非理性承诺,造成群众不管是否属于警察职权范围内的事,都向警察报警求助,如"110报警服务平台"接报的事项既包括了警察职责范围内的盗窃、诈骗、打架斗殴等警情,也包括了大量非警务工作范围的诸如夫妻吵架、宠物丢失、停水停电、没钱坐车、媳妇跑了等事项。根据四川省人民新闻办公室官方微政务"四川发布"2016年1月10日发布的新闻,2015年四川110接警总量多达1385.2万起,其中非警务类警情高达60%。其中,成都市(含20个区市县)110接警总量达546万余件,非警务类警情约占60%。非警务类警情中恶意、无效、重复类报警全省约占30%,成都则达到40%。而警察在"有困难找警察"的服务承诺下,疲于应付各种报警,主动或被动地做出超越职权范围的行为。其次,社会转型期,在各类矛盾冲突加剧、政府又缺乏有效应对这种社会变革的手段的情况下,警察大量陷入地方政府拆迁、城管、工商、税收等非警务活动事务中。再次,超越职权范围干涉经济纠纷、劳资纠纷。部分警察机关及警务人员出于经济利益,违反法律规定,超越职权介入经济纠纷,沦为替人讨债的工具。

二、滥用警察职权

对于滥用职权的概念界定,由于滥用行政职权在内容上的复杂性,难以确立一个统一的标准,所以理论界尚有多种观点:违背法定目的说、显失公正说、综合说(违背法律精神)以及列举论(滥用职权的各种表现形式的列举)。[1]我国

---

[1] 王学辉、宋玉波等著:《行政权研究》,中国检察出版社,2002年版,第200页

警察实务界对滥用职权的认识则是从警务合法性原则、合理性原则进行考虑。因此将滥用警察职权界定为"超越警察权力制约规范而在权力行使过程中出现的种种权力异化现象。其内容不应仅局限于违法违规行为,还应包括某些违背法律意图和精神的行为"[①]。滥用警察职权的表现具体体现为以下几种:

第一,背离法定目的和利益。警察权的行使应不仅要符合法律条文的明确授权,还应符合法定的目的。因而作出的警察行为即使符合法律条文的具体规定,但背离法定的目的,也构成警察职权的滥用。如一些地方机关为追求经济利益,为钱执法,下达罚没和收费指标,以罚款代替其他处罚,违法没收保证金等,非法运用公安行政权力搞创收,把执法当作创收的一种手段,背离了执法的目的。

第二,考虑不当。考虑不当是指"警察机关在行使警察权时对事实或法律因素有不当的考虑,或者没有考虑相关因素,或者考虑了不相关因素,或者考虑不周全等"[②]。法内和法外因素的考虑不周都属于滥用职权。具体情形表现为:第一,考虑不相关因素,警察权行使所基于的因素没有法律依据,或者与法律规定不容,如在执法中考虑执法对象的身份、亲疏等。第二,没有考虑相关因素。表现为没有考虑法律规定应该考虑的因素,如情节和态度。第三,考虑不周全,在全面考虑和衡量评判各种因素过程中判断不清,过分强调或

---

① 郭玺,李国强:《警察权力滥用的原因分析及其控制》,《江西公安专科学校学报》,2005年第1期。
② 裘东波:《"转型时期"的警察权运行失范与政治文化》,法律出版社,2009年版,第38-39页。

忽略了某些方面的因素以及没有考虑到具体事件的是非曲直。第四，基于不正当动机的考虑。如基于不道德信念的考虑，警务人员行使职权存有恶意、泄愤、报复等不当动机和目的。2012年7月1日，深圳市公安局龙岗分局龙新派出所民警李某某，因在处理一件接警案件中受到男子班某的挑衅，李某某怀恨在心设套制造假抢劫案现场将男子班某开枪射杀，造成恶劣的社会影响。

第三，随意裁量，任意无常，违反同一性和平等性。因社会生活的复杂多变性，警察机关被赋予了必要的自由裁量权。由于警察职权行为具有公共行政性，此种裁量权必须是可预见的、连续的和平等对待的，否则即是对自由裁量权的滥用。自由裁量权的非正当行使，包括任意而为或者反复无常两种情形。前者是对不确定的法律概念作任意扩大或缩小解释，当这种随意解释适用于同类具体案件时，即构成滥用职权。后者是指在事实和其他情况没有变化的情况下，因为其他因素的影响，警察机关变换自己的主张和决定，以达到非法目的。少数警务人员因职业素养低，对法律法规理解不透，执法水平低，在执法中常随性而为，忽视执法的公正性，又受金钱、人情关系等因素影响，徇私枉法，假公济私，办人情案、关系案现象屡见不鲜。如影响甚大的延安夫妻"黄碟案"。还有2007年河南南阳市公安局任其因电脑里下载有一部淫秽视频，被南阳市公安局处以警告并处罚款1 900元，后任某提起行政复议，撤销了处罚。①

第四，强人所难，违背客观性。权力任性，特权思想严

---

① 《南阳淫秽视频事件追踪 个人电脑存黄片犯法》，载大河网，http://www.dahe.cn/xwzx/sz/t20081007_1396411.htm

重,在执法中缺乏一种人情关怀,强令公民履行客观上无法履行的义务。而此要求明显不合情理,不符合事务的客观规律,不符合正常人的理智和判断。

第五,显失公正。显失公正是指警察职权的行使在形式上没有超过法定幅度,但明显不符合理性、客观、适度的原则,对公民、法人或者其他组织的合法权益造成侵害,违背了法律法规的立法目的和基本原则。①具体表现为相同情况不同处理结果;不同情况相同处理结果;处理结果与情节相背离。在警务实践活动中,显失公正的现象普遍存在,如在法定的裁量幅度内,同事不同罚。因执法对象的身份、社会地位而有差别和偏袒,失去中立性等。

第六,不正当的迟延或不作为。如果法律没有明文规定警察职权行为期限,或规定了一定的行为幅度,使警察职权主体享有自由裁量权,而在这自由裁量权范围内,警察有不正当的迟延或不作为,便属于滥用职权。需要注意的是这种情形应与法律明文规定的警察职权行为期限相区别,法律有明文规定而警察机关在法定期限内拒不做出行为,或在法定期限以外才做出行为,依照行政诉讼法的规定划归于"违反法定程序或"或"不履行法定职责"。

三、警察失职

警察失职,也叫警察不作为,是指警察未履行法定的作为义务的情形,包括拒不履行法定职责和拖延履行法定职责。警察不作为现象是警务工作中最为普遍的一种现象。例如,

---

① 裴东波:《"转型时期"的警察权运行失范与政治文化》,法律出版社,2009年版,第40页。

警察机关拒绝履行保护被拐卖妇女、儿童人身安全的法定职责；对符合法定条件的申请人，不颁发许可证和执照；在公民人身权、财产权受到威胁时，不及时进行救助。对当街行凶的嫌疑人不及时制止等现象。警察享有的警察职权是其赖以存在的基础，其本身无权放弃法律赋予的职权，放弃警察职权就意味着放弃了法定职责，必须依法承担相应的法律责任。警察不作为最典型的案如"唐慧"案。2016年10月唐慧的女儿乐乐（化名）被强奸、挟持卖淫，在失踪3个月的时间里，面对唐慧的报警求助，案发地湖南永州警方未及时开展调查，营救受害人，失职造成严重后果，在全国造成恶劣影响，相关警务人员被追究。对警察失职的认识，我们应注意，其是一种不作为的警察失职行为，即警察主体违反作为义务，从而构成不作为方式的失职，主要表现为"不履行"或者"拖延履行"。需指出的是，如果警察主体不是出于故意或过失，而是客观条件的限制无法履行法定作为义务时则不能认定为警察失职，应区别不同情况，依据行政诉讼法的规定认定为"违反法定程序"或"不履行法定职责"。

还有2013年8月18日发生在安徽省蚌埠市禹会区马城镇一起劫持人质案中，两名民警面对持刀歹徒不敢上前制止，在嫌疑人将17岁的超市女收银员连捅10多刀、嫌疑人自残倒地后才敢上前将其控制。因胆怯而怠于行使法定职权，是为典型的严重失职，后两人受到行政处分，调离公安机关。

四、警察行为事实依据错误

警察行为事实依据错误是指警察机关作出没有合格事实

依据的职权行为。主要有以下几种：

第一，事实证据不足。即警察机关作出具体职权行为的事实依据不充分。警务实践中，警务人员执法往往仅凭口供而在无其他充分证据的情况下对公民作出行政拘留的决定。

第二，事实误解，即警察机关及其警务人员错误认定甲事实为乙事实，从而根据乙事实作出具体警察职权行为。如甲乙争吵相互推搡，推搡中甲将旁观的丙撞倒，使其受轻微伤，警察机关以甲殴打丙为由，对甲处以七天治安拘留处罚。

第三，无中生有，以不存在的事实为根据作出职权行为。例如，警察机关以个体户张某扰乱市场秩序为由，给予行政拘留的处罚，事实上张某根本没有实施过该行为。

五、警察适法错误

适法错误是指警察机关在作出具体行政行为时没有正确地适用法律依据。警察法治下，要求正确适用法律是警察机关职权行为合法有效的必要条件。警察机关行使职权过程中若适用法律错误则必然导致其行为合法性的否定评价。主要表现为警察机关作出某一具体行为应适用此法律、法规，却错误地适用了彼法律、法规；警察机关作出某一具体行为应适用法律、法规的此一条款，却错误地适用了彼条款；警察机关行为应该由法律、法规和规章的明文规定才能作出，却在没有依据的条件下作出；实施某一行为必须适用法律、法规或者规章的，警察机关没有适用这些依据，而适用了规章以下的依据作出了该行政行为。[①]适用法律错误是警察执法过

---

① 胡建淼：《行政法学》，法律出版社，2010年版，第451-452页。

程中较为常见的现象，这样的警务实践错误有多方面的因素。一是警务人员自身职业素质不高，对法律、法规不熟悉，加之监督制约机制的不完善，从而导致适用法律上的随意性，错误地适用法律；二是适用法律受各种因素影响，根据需要选择适用法律、法律条款，从而起到处罚结果偏轻或偏重的目的；三是立法不完善，对一些新出现的违运行为进行处罚的立法滞后，实际执法中可能选择相近的法条进行处罚，但实际适用错误。

六、警察程序违法

程序公正作为现代法治的一个重要方面。程序公正要求警察行为除符合其他各项有效要件外，还必须符合法定程序，在运行中必须严格按照法定的步骤、方式、时限等要求进行，警察行为才能受到监督、限制，才能平等地适用于所有人。程序应得到严格遵守，否则就是非法。警察程序违法，是指警察机关及其警务人员违反程序法律规范的行为。程序违法表现为方式违法和步骤违法两大类。

方式违法表现为两种基本形式：其一，警察行为未按法定方式进行。警察机关作出行为的方式包括口头形式、书面形式、动作形式、默示形式四种，但在行使警察职权的过程中，存在未依法定的方式作出的情况。如在对行政违法人员作出行政处罚时，未按规定制作书面的处罚决定书，仅是口头通知，则该行为不具有法律效力；其二，法定方式运行中存在缺陷。如在行政处罚决定书上未签署或盖章，或遗漏日期，或未告知法律救济方法或期限，等等。

步骤违法，是指警察行为未按照法律规定的步骤作出行为。其包括法定步骤省略、颠倒，没有根据增加步骤和不遵守法定时限四种。

第三节 警察权运行失范原因分析

首先，立法上的缺陷。在警察立法体制上，立法主体多元，但相互间立法权限范围不清，法出多门，呈现一定的无序、混乱状态。行政法规、行政规章及规范性文件与法律冲突或相互间冲突，地方性规章与规范性文件各行其是，与行政法规抵触，缺乏有效衔接。以致在警务实践中，选择适用法律规范和遵从和执行地方上级行政机关文件、上级警察部门文件、命令时无所适从，增大行政执法工作的难度。此外，我国现行有关警察权的法律体系部分规定较为模糊，对警察行政处罚的听证程序、警察警械枪支使用程序、警察紧急处置权等程序性规定得不足、不清，操作性不强，容易造成警察行为失范的问题。

其次，警务体制存在弊端。警务体制弊端体现在内部管理体制和社会管理两方面。我国警察内部体制管理的弊端在于对警务活动采取的是一种简单的命令服从方式，客观上促成了各级警察机关及警务人员习惯于以政策、命令实施警务活动。在外部社会管理方式上，我国警务工作一直奉行"全能型"的指导理念，"警察万能"成为一种错误的警务运行指导模式，"有困难找警察"的非理性承诺便是最好写照。与这种"全能型"警务工作理念相适应，在社会管理中采取的是

第二章 我国警察权运行现状

"控制式"管理模式，其基本特征是重管理、重限制、重控制。从而公安社会管理工作习惯性运用强制命令形式的管理模式，强调相对人的服从和听令，从而在强调政府转变职能，向服务型政府转变过程中，创新工作方式少，管的方法多，而服务的办法少，以限制、控制手段为主，服务、疏导方式少，从而在公民权利意识不断提高、社会服务需求增强的情形下，警务工作模式与社会需求存在不适应的窘境，在警察权不断扩张的现实面前与公民权利主张发生严重冲突，从而造成一些特定领域警民关系的紧张。

再次，大量非警务活动的存在。非警务活动是指警察机关超越法律规定的职权，代替其他行政机关行使不属于自己职权范围内的性质管理活动。以非警务活动的现实现象为分类，非警务活动主要表现为两大类：一是受上级政府部门指派的非警务活动，二是 110 接处警和派出所接处警两个平台的非警务活动。

政府部门活动主要包括：参与征地拆迁，联合参与城管、工商、税收、卫生等部门的执法工作，市场管理、民政事务等。这些非警务活动使警察介入经济纠纷、劳资纠纷等非警察职责范围内的事件，造成了一些负面影响。

大量非警务活动出现的根源在于，随着我国社会的转型，社会深层次的矛盾不断突显，犯罪率高启，群体性事件和突发事件不断出现，影响稳定的问题日益突出，政府在处理社会新变化、新需求中，由于新的管理、服务制度体系尚未建立起来，面对不断涌现的问题要么应接不暇，要么束手无策，在传统的管控型社会管理习惯思维模式下，企图通过警察以压制的手段来化解矛盾、平息事态、恢复秩序。警察便成了政府维稳的"先锋军",充当四处"灭火"、可恣意利用的工具。同时,新时期民众对警察的高期望值,使警察的职能和社会角色发生了重大变化,除打击犯罪、维护秩序外,还承担了越来越多的社会服务功能。其结果是产生了这样一种"警察万能"的现实窘境:不管是维持秩序、控制犯罪、社会服务,或特定社会功能的某些方面,最好都能有人立即就去处理①,而警察恰好充当了这个角色。

而 110 接处警和派出所接处警平台更是涵盖了几乎所有社会的事项,大到重大刑事犯罪活动,小到寻找宠物,无所不包,无所不能。尤其在"有困难找警察"的口号宣传下,涉及政府职能部门的事务都力图在警察部门得到解决。派出所接处警平台涉及的警情包括各类刑事、行政案件,更多的是债务纠纷、邻里纠纷、寻人启事、宠物丢失、停水停电、夫妻吵架、讨薪、没钱坐车吃饭,涵盖了日常生活所能发生的一切事情,需要解决的事务范围包括了工商、税务、民政、环保局、卫生部门等几乎所有政府职能部门的职责。

从某种程度上讲,警力的滥用,导致了警察权的肆意扩张和滥用,伴随着的是对公民权利的侵犯。

最后,监督制度的短板和机制的失灵。一是监督主体缺乏协调。对警察权的监督途径和手段不少,如公安机关内部有纪委、监察、法制、信访等部门负责监督工作,外部有各级信访、新闻媒体、检察院以及行政复议和行政诉讼,但这样众多的监督主体之间并未在监督工作上形成合力,未形成统一的执法监督工作机制。二是监督制度缺乏实际操作性。

---

① [英]罗伯特·雷纳:《警察与政治》,易继苍、朱俊瑞译,知识产权出版社,2008年版,第7页。

现有的监督体系建立了很多制度功能，但仔细分析就会发现，这些监督制度对警察权进行监督的主体设定和具体职责采取的是笼统的规定，在实施监督的程序、途径、方式、目的以及监督不力的责任和法律后果等细节上，缺乏具体的法律依据和规程操作，主动启动监督程序、发挥监督作用的效能有限。三是监督范围有限。目前对警察的监督主要集中在违法违纪事件发生后，这体现了监督注重事后监督，而对事前的预防和监督工作却存在缺位的现实。

第四节　我国警务面临的危机

改革开放30多年来，伴随经济的高速发展，一系列社会问题产生，多领域各形态的社会矛盾冲突纠合在一起，政府维稳工作日益加重，而民主政治和法治建设却与经济高速发展不相适应，"国家万能"模式已无法承载社会治理的功能期待，社会呼吁治理模式的改革。一个国家无论哪个领域的改革，最终的指向必然是社会治理，因此，改革的全部内涵即是社会治理的变革。①而"社会治理的本质特征在于合作与沟通，发挥不同社会主体在国家治理和社会发展中的作用"②。

依据传统行政法学理论，警察权作为一种典型的国家权力，警察活动是针对公共安全和秩序、保护公众和个人免遭

---

① 张康之：《合作治理是社会治理变革的归宿》，《社会科学研究》，2012年第3期。
② 韩大元：《宪法实施与中国社会治理模式的转型》，《中国法学》，2012年第4期。

危险,通过警察行政职能而实现的公权力,由国家垄断,只能由警察机关亲自执行,私人不得插手,从而形成了警务工作国家垄断的行政传统。同时,新时期民众对警察的高期望值,使警察的职能和社会角色发生了重大变化,除打击犯罪维护秩序外,还承担了越来越多的社会服务功能。其结果是产生了这样一种"警察万能"的现实窘境,"不管是控制犯罪、社会服务、维持秩序还是政治压迫都不是其特定社会功能的某些方面。""某些事情本应该发生但最好有人现在就去处理这些事情。"①

现实的警务境遇反映了更广泛的社会结构、文化和政治经济的冲突和矛盾,但在社会治理中却忽略了这样一个事实:"只靠警察或者说警务是并不能达到一个有秩序的社会状态。"②社会又习惯将警务的概念与警察结合在一起,忽略了"警务的概念只是更为广泛的社会控制概念的一个方面"的事实。③从而警力被大量用于非警务活动,警力滥用,警察过多地侵入社会生活的各个方面,使得警察权与公民权利失衡的矛盾冲突在一系列警民冲突事件中暴露出来,从而造成了一系列警务危机。

一是警察权合法性危机。根据职权法定的要求,警察权只能由法律授予,并严格限制在法律规定的范围内活动。警察职权作为警察权的具体承载者,通过实施具体警务活动予

---

① [英]罗伯特·雷纳:《警察与政治》,易继苍,朱俊瑞译,知识产权出版社,2008年版,第7页。
② [英]罗伯特·雷纳:《警察与政治》,易继苍,朱俊瑞译,知识产权出版社,2008年版,第130页。
③ [英]罗伯特·雷纳:《警察与政治》,易继苍,朱俊瑞译,知识产权出版社,2008年版,第3页。

以实现，由此决定了警察必须按照法定的警察职权范围来开展警务活动。警务活动必须由法律的明确授予，做到有法可依，这是法治原则、依法行政原则在警察行使职权上的具体体现。

基于警察权合法性的要求，反思我国警务活动的实际，不难看出警察权合法性危机已成为我国警察体制面临的一个严峻问题。随着我国改革开放的纵深发展，社会转型期引发的社会矛盾更加尖锐、严峻。政府长期以来奉行"权利本位""管理本位""政策本位"的社会治理思维，而社会的转型要求政府转变职能，适应"权利本位""服务本位""法律本位"的社会治理需求。①但短期内政府体制及管理模式不适应现代社会发展的要求，缺乏有效的应对措施，仍习惯于用非法律手段来进行社会治理。由于启用警察权低成本、责任小、效率高，又具有其他职能部门所无法比拟的暴力工具性、强制性特征，由此依赖警察力量来进行社会管理成为常态。②土地征用拆迁、劳工纠纷、征税、城市环境管理等，甚至民事经济纠纷，都动用警力去解决、干涉，而这些事项已超出警察职权范围，使警察的本职工作受到冲击。且不经严格程序即可随意调用警力，违背了法治原则，从而大大降低了警察履行职责的正当性，影响了警民关系，甚而引起民众对警察执法正当性的质疑。大量非警务活动的存在，尤其是消极非警务活动的存在破坏了法治，阻碍法治政府的建设，损害社会

---

① 江必新：《法治社会的制度逻辑与理性构建》，中国法制出版社，2014年版，第269页。
② 潘建忠、潘林昶：《关于政府动用警察权的理性思考》，《公安研究》，2007年第1期。

主义民主法制建设。①结果是我国警察执法环境恶化、执法权威滑落，社会信任危机成为警察组织面临的重大难题，警察权合法性危机加重。②

二是警察权威弱化。"警察权威是权威的一种具体表现形式，是通过警察权的实际运作而产生的令人信服的力量，是公众对警察权力的信任与服从的统一。"③警察权威得到尊重，是警察正确履行职责、发挥警察职能的必要保证。然而，我国警察权威弱化已成为一个不争的事实。

警察权威的下降有着多方面的因素，首先，警察成为社会矛盾的宣泄口。当前我国存在的政治体制不健全、民主法治不完善、收入差距拉大、生态环境恶化、就业、住房等众多问题造成的社会矛盾的客观存在，决定了在未来相当长时期内，应对、处置和治理群体性事件仍是政府工作的重要内容，而动用警力则成为地方政府推行政策、管理社会的常态。由此带来的警力的滥用，加剧了警民的冲突，尤其一些媒体在近年来的报道中更多关注对警察负面的报道，甚至为博取关注，在一些报道上缺乏客观性，夸大其词，误导舆论，误导群众，造成了对警察形象的极大伤害，加剧了警察权威的弱化。④其次，警察职能转变定位模糊。在政府转变职能，从管制型向服务型转变过程中，配套政府职能转变，警察也从

---

① 马亚雄：《消极非警务活动：形式、危害、原因及遏制》，《中国人民公安大学学报》，2003年第3期。
② 黄石：《警察为什么不被信任：新时期警察群体风险解读》，《江苏警官学院学报》，2012年第1期。
③ 杨志芳，郝薇：《论警察权威构建——以警察权特征为视角》，《云南警官学院学报》，2015年第4期。
④ 孙秀兰，欧阳韬：《论法治建设中警察权威的重塑——一种社会学的分析视角》，《公安研究》，2015年第4期。

突出打击型警务向重视服务型警务方式转变。但过于夸大服务的内涵以万能型警务回应社会需求，这种泛化的服务职能定位，恰恰造成警察职责不明，警力大量陷于日常琐事，混淆了警察职能界限，进而淡化本职职能。警察职能大幅度转移的结果就是在很大程度上导致警察威慑力的丧失。再次，警察自身过于束缚警察权力。伴随着我国法治进程的不断推进，以保障人权为核心，公民权利不断被强化。与之呼应，要求警察执法贯彻保障人权的同时，却过于限制警察执法的权威和强度，甚至在一些警察正当执法场合，引起社会关注，导致舆论压力时，为平息事态，往往牺牲警察的正当权利，给予不当的处分。加之警察自身维权制度的缺位，让民警不敢作为，甚至出现跪式执法、投降式执法等荒唐现象，严重损害了警察执法权威。警察作为社会秩序维护者，在执法过程中受到侵犯，不敢正当行使正当的防卫权，警察权力反而被行政命令、口号束缚住，暴力威慑力大大下降，导致警察权威性大打折扣。最后，警察自身行为失范。计划经济向市场经济转变过程中带来了人民观念的巨大改变，逐利倾向突出，拜金主义盛行。部分警察受到拜金主义影响，为违法犯罪充当保护伞，甚至参与其中寻求个人利益，徇私枉法、侵犯公民利益的现象时有发生。一些警察执法素质不高，在执法办案中，作风粗暴，刑讯逼供，严重侵犯群众利益，甚至制造冤假错案的情况时有发生。这些问题严重影响了警察的正面形象，削弱了警察的执法权威。

三是警察权面临私权扩张的挑战。警察权作为国家的公共权力，既来源于公民权利，又要服务于公民权利，二者既相互依存、相互渗透，又相互对立、相互制衡。但是，公民权利在价值上优先于警察权力,警察权力必须以公民权利为其出发点与最终目标。

现阶段,"群众对自己生存的关怀、对个人发展的憧憬,随着市场化改革的深入与拓展逐渐苏醒"①。公民权利意识觉醒,人们更强调对私权利的保护和尊重。即使是面对善意的公权力的保护,个人也可能会拒绝,以充分实现个人意志和行动的自由。警察权的公共性要求其只存在于公共领域,禁止对私领域的侵入。"在没有法律规定的情况下,除当事人主动请求的时候外,能够介入的仅局限于保护个人生命所必要的场合等。"②然而,警察权作为一种公权力,天生有着突破人们赋予的权力空间侵夺公民权利的内在冲动,有着扩张、膨胀的内在危险。对公民而言,一方面需要警察保护其合法权利,一方面又要警惕警察权的扩张侵害其权利,如何平衡警察权和公民权的关系成为警察权配置需要谨慎考虑的问题。尤其面对公民私权利的扩张,这种矛盾将更明显,所以对警察权的配置应当小心谨慎,一方面要尊重公民私权利,明确警察权与公民权的界限,另一方面又不能过于尊重私权而使公民权利失去应有的保护。

四是警务效率陷入危机。"效率是行政管理的生命。建立法治政府,要求政府不仅是公正的,而且是高效的。"③在这样的要求下,警务活动应重视效率,具体而言就是及时、有

---

① 黄石:《警察为什么不被信任:新时期警察群体风险解读》,《江苏警官学院学报》,2012年第1期。
② [日]田村正博:《警察行政法解说》,侯洪宽译,中国人民公安大学出版社,2016年版,第45页。
③ 江必新:《法治政府的制度逻辑与理性构建》,中国法制出版社,2014年版,第15页。

效处理警务案事件，提高社会管理和服务效率，用较少的警务成本获取更多的警务成效，打造更好的社会安全秩序，更快、更好地为人们提供服务。

现实是，警务活动无论从广度还是深度上，都已经远远超出了现有警力所能承载的负荷，由于负担过重、警力不足，效率显得不高，公众对警务工作满意度不高。

第三章　警察法治建设之一：完善警察立法

第一节　警察法的概念与特征

警察法是指规定行政职权和刑事职权的设定和行使，调整国家警察机关及其警务人员在履行职能活动中与其他社会主体形成的警务关系的法律规范的总称。[①]

警察法与其他部门法相比较，因制定目的、调整对象和基本内容、表现形式不同，有其自身特点：

1. 社会公共性

警察法制定的目的在于规范和调整警务关系，以维护社会秩序，保护公民的合法权益。任何社会的发展，都必须在和谐、稳定、安全的环境下进行，警察的职能即是围绕维护国家安全、社会秩序展开，这直接体现了公共利益性特征。警察法规定的警察职权，体现了公共权力性质。警察法是规定公共权力关系的法律，它必须体现国家、社会的公共利益。归根结底，警察法调整的警务关系，无论是警察实施社会治安管理体现的行政关系，还是实施刑事职权中体现的刑事关系，均与国家和社会的公共利益相关，这体现了社会公

[①] 惠生武：《警察法论纲》，中国政法大学出版社，1999 年版，第 6-7 页。

共性。①此外,警察公共性原则要求警察职权限定在公共领域,禁止对私人领域的侵入,这也是警察立法的指导原则。

2. 主体的特定性

警察法的主体是特定的,只能是警察机关和警察人员,任何其他组织和公民无权行使警察权力,当然地不能成为警察法的主体。警察法调整的是警察机关及其警务人员作为特殊主体参加的社会关系,缺少了警察机关或警务人员,警察法律关系就不能成立,警察法规定的权利义务,是为警务关系主体设定的权利义务。

3. 警察法内容和对象的广泛性

警察法的广泛性一是指内容的广泛性。在内部,涉及警察职务关系的形成及运行的诸方面,在外部管理活动中,涉及社会生活的方方面面,涉及社会各行业、各种组织和人员,决定了警察法内容的广泛性,包括警察组织法、警察行政法、警察刑事法、监督救济法等。二是指适用对象的广泛性,适用对象既包括公民、法人和其他组织,又包括警察机关、警察人员和其他有关国家机关。②

4. 警察法调整手段的复合性

我国警察职权既包括行政职权,也包括刑事职权,警察法对警察行使警察行政职权和刑事职权,实现警察职能过程中的手段,既规定了行政手段,又有刑事手段,这些手段可

---

① 惠生武:《警察法论纲》,中国政法大学出版社,1999 年版,第 9 页。
② 李元起,师维:《警察法通论》,中国人民大学出版社,2013 年版,第 12 页。

以单独适用,也可以同时适用。

5. 警察法的特殊强制性

警察法与任何法律一样,都具有强制性,但警察法与其他法律相比有其特殊强制性:一是警察法兼具行政强制性和刑事强制性,具有无法比拟的强制性;二是警察法是其他法律法规实施的有力保证,即可以称为实施法的法;三是警察法强制性程度严厉,直接以特定的暴力手段为后盾,甚至可以限制或剥夺人的自由。

第二节 警察法的渊源和警察法现状

一、我国警察法的渊源

(一)宪法

我国警察权配置的基础是宪法和法律,宪法是国家的根本法,规定了国家的根本制度,确立了我国的政权组织形式。宪法关于国家职能和国家机构设置的原则,是我国警察权形成、配置的宪法基础。合理配置警察权首先应以《中华人民共和国宪法》(下文称《宪法》)作为法律根据,主要体现在以下三个方面:

第一,《宪法》关于依法治国的规范。我国宪法明确规定了"依法和治国,建设社会主义法治国家"的治国方略,即广大人民群众在党的领导下,依照宪法和法律的规定,通过各种途径和形式参与国家的政治、经济、文化事业管理和社会事务管理,保证国家各项工作都依法进行,逐步实现社会主义民主的制度化、法律化。依法治国反映了社会从人治向法治转变的历史进程。警察权作为国家权力的重要组成部分，其分配、运行关系到国家稳定、社会秩序和谐，还与公民的人身自由及生命财产息息相关。在建设社会主义法治进程中，警察只有依法行使权力，才能有效保障公民权利的实现。依法治国作为构建法治之下警察权的依据，必然要求警察权运行符合依法行政的基本原则，即警察机关及其警务人员必须严格按照宪法和法律的规定，在法定职权范围内行使警察权力。

第二，《宪法》关于尊重和保障人权的规范。我国宪法确立了"尊重和保障人权"的基本原则，体现了重视人权的法治思想。要保障人权就需要对国家权力进行规范和制约，警察权的实施当然地也应受到限制和制约。我国警察权的范围尤为广泛，几乎对社会生活的各个方面都有影响，且警察权对公民的自由权利享有限制乃至剥夺的权力，警察权的失范将会对社会秩序、公民权益造成严重影响，因此，在警察行为中贯穿尊重和保障人权理念尤为重要。因此，通过对警察权力分权和限权以及扩大公民权利来实现对警察权的制约，从而通过重构警察权来实现保障人权的目的。

第三，《宪法》关于公民基本权利和基本义务的规范。现行宪法规定了公民批评权、建议权、申诉权，取得国家赔偿权，言论、出版、集会、结社、游行、示威自由权，非经法定程序不受逮捕、居留权，遵守法律、公共秩序、尊重社会公德的义务等规范，这些规范都是我国警察权配置的立法依据，如针对公民享有的集会、游行、示威的权利以及承担的义务，全国人民代表大会常务委员会制定了《中华人民共和国集会游行示威法》，规定了公安机关作为集会游行示威的主管机关享有的警察权力和应当履行的职责。

(二)法律

法律作为警察权构建依据,是由法律的地位和警察机关、警察职能的性质决定的。作为警察权建构依据的法律,是指法律文件中有关警察权法律规范,并不是指所有的法律文件,即指由全国人民代表大会及其常务委员会制定的有关警察组织、警务人员,警察职权的设定、运行,警察行为保障、监督、救济等法律规范的总和。表现为两种形式,一是整体上规范警察行政权的,如《人民警察法》《中华人民共和国治安管理处罚法》《中华人民共和国公民出入境管理法》《中华人民共和国枪支管理法》《中华人民共和国居民身份证法》等。其中现行《人民警察法》规定了我国人民警察职务职能、基本任务、组织形式、职权内容等,是我国警察权形成的直接法律依据。二是部分内容涉及警察权的规范,最高国家权力机关制定的其他法律也相应规定了警察行政职权和刑事职权,如《中华人民共和国道路交通安全法》《中华人民共和国刑事诉讼法》《中华人民共和国国家安全法》(以下简称《国家安全法》)《中华人民共和国反恐怖主义法》(2016年1月1日施行,以下简称《反恐怖主义法》)等,这些法律法规基本涵盖了警察行政职权和警察刑事职权的各个领域,既有集中规范警察职权的法律,也有散布于一些法律中的部分规定或具体条款。

目前而言,我国规范警察权的法律规范,由效力层级不同的法律、法规、规章等组成。但整体而言,我国有关警察权立法仍不完善,需要加大警察法体系建设。在建设法治国家背景下,警察法治路径是警察权配置的必由之路。权力法治化要求用"宪法和法律来规范权力的行使主体、限度、对象、范围和程序,同时设定权力滥用的法律责任,以及追究责任的程序和方式"[①]。因权力本身具有自我扩张的天性,通过理性的法律方案设计出合理的权力运行机制就显得尤为重要。基于此,在设定警察权行使主体、方式、内容、权力边界时必须清晰而明确。从法治建设角度看,我国警察权的配置应重点解决三个方面的问题:一是尽快修订《人民警察法》,根据新的形势需要,进一步细化警察的职权范围,对警察的职责权限和义务的范围划分及其相互关系应进一步明确和理顺;二是依据《宪法》《人民警察法》《治安管理处罚法》《中华人民共和国戒严法》《中华人民共和国防洪法》《中华人民共和国防震减灾法》《中华人民共和国突发事件应对法》《突发公共卫生事件应急条例》《国家突发公共事件总体应急预案》等有关法律法规,系统制定详细的具有较强操作性的警务活动行为规范,做到有法可依、有章可循;三是构建从中央到地方分工明确、职责定位明晰的职权体系,在职权分配上注重基层实战需要,剥离不需要、非警察职能范围的职权设置。

(三)行政法规

国务院通过制定行政法规,使宪法和法律的原则得以具体化,更好地实现国家行政管理的任务。行政法规的内容涉及了国家行政管理的各个方面,其中当然也包括警察行政事

[①] 钟云华:《社会管理创新视野中的我国警察权研究》,四川大学出版社,2013年版,第100页。

务。国务院就警察组织、警察行政权的设置与实施等警察行政事务制定的行政法规,是构建警察行政权的重要法律依据。这类警察行政法规有两种基本形式:一是由国务院直接发布的,二是经国务院批准的。①由国务院直接发布的警察法规有《公安机关督察条例》《人民警察使用武器和警械条例》《戒毒条例》《道路交通安全法实施条例》《出境入境边防检查条例》等;由国务院批准的警察法规有:《旅馆业治安管理办法》《公安机关人民警察纪律条令》《中国公民出境入境管理法实施细则》等。因国务院的立法权限于行政管理领域,有关警察行政法规立法在内容上基本是有关警察行政管理的法律规范。警察行政法规除单独立法外,也有混合式的规定,即在一个具体的法规文件中,有关警察行政法的规范与其他部门的法律规范内容并存,如在《外国人入境出境管理法实施细则》中,除了有关警察行政法规范外,还包括刑事法律责任条款的内容。

警察行政法规在警察行政法体系中占有极为重要的作用,一方面,它是依据宪法、法律并为保证宪法、法律的实施而制定的;另一方面,它又是地方性法规、行政规章的制定依据,有关警察行政权的地方性法规和规章,均不得与国务院制定的警察行政法规相抵触,否则无效。此外,自治条例、单行条例、地方性法规、规章作为地方政府行使行政权力的重要法律依据,同样也是警察权配置的依据。

目前,我国初步形成了表现形式多层次性、效力多层次性的警察行政法体系,但伴随着我国法治国家建设的进程,

---

① 萧伯符、张建良等:《法治之下警察行政权的合理构建》,中国人民公安大学出版社,2008年版,第96-97页。

仍需进一步补充和完善。如警察行政强制具体手段、实施要件、实施程序,执法规范和监督方面的立法。

(四)地方性法规

地方性法规也是警察权配置的法律依据。它包括省、自治区、直辖市的人民代表大会及其常务委员会按照立法程序制定的地方性法规;省、自治区的人民政府所在地的市和经国务院批准的较大的市的人民代表大会根据本市的具体情况和实际需要,按照立法程序制定的地方性法规;经济特区的人民代表大会及其常务委员会,经特别授权制定的地方性法规。地方性法规调整着广泛的社会关系,其中有大量的法律规范是调整有关警察行政关系的规范。

(五)法律解释

作为警察法渊源的法律解释,一般指国家机关的规范性解释。这种规范性解释包括最高国家权力机关的解释、国家司法机关的解释、中央国家行政机关的解释、地方国家权力机关和行政机关的解释。在这类警察法的渊源中,我国中央警察机关的解释数量为最多。法律解释作为我国警察法的渊源,应具备两个前提条件:第一,有关的法律解释必须在所属的领域具有普遍的约束力,成为适用法律的规范性依据。第二,有关的法律解释必须"创新"了法律规范。[①]

(六)国际条约

我国政府签订和加入的国际条约对公民、法人和其他组

---

① 师维:《警察法若干问题研究》,中国人民公安大学出版社,2012年版,第21-22页。

织具有约束力。当然的国际条约中有关缔约国警察行政权的法律规范也就成为构建中国警察行政权的法律根据。例如，1956年6月13日在维也纳国际刑警组织第一十五届全体大会上通过的《国际刑事警察组织章程与规则》。自1945年以来，联合国已制定国际人权宣言与公约达到70多个，形成了一整套与警察执法相关的国际人权公约体系。其中，《世界人权宣言》《公民权利和政治权利国际公约》《经济、社会和文化权利国际公约》三个基本国际人权法律文件，共同构成"国家人权宪章"，《世界人权宣言》所宣示的人权已得到普遍认可和有效遵行，同时"两个人权公约"已为大多数国家所签署或批准。此外，国际社会还制定了一系列专门性的国际人权公约，如《防止及惩治灭绝种族罪公约》《消除一切形式种族歧视国际公约》《消除对妇女一切形式歧视公约》《禁止酷刑和其他残忍、不人道或有辱人格的待遇或处罚公约》《儿童权利公约》等。[①]上述公约共同构筑了一套与警察执法相关的国际人权公约体系，其中有关规定应当成为合理构建法治之下中国警察行政权的法律依据。需注意的是，我国对于有关国际条约声明保留的条款因不产生国内法的效力，当然也就不能成为构建警察行政权的法律依据。

二、我国警察立法现状

（一）警察立法缺乏统一系统性

目前，关于我国警察权的规定，主要是以《人民警察法》

---

① 萧伯符，张建良：《法治之下警察行政权的合理构建》，中国人民公安大学出版社，2008年版，第98页。

为主,散布于一些单行法律或者规章中,即对警察权的设置采用的是分散立法,削弱了警察法制的统一协调性。我国警察立法缺乏科学预测和合理规划,往往是根据社会管理的需要增减,而且在国家对同一类社会关系进行调整时,缺乏统一规划,与国家的整体立法缺乏协调统一性。

(二)警察立法的立、改、废不及时

我国警察法大量存在于法律、行政法规和部门规章中,此外还有数量庞大的规范性文件,不少内容冲突、重叠,但在清理、修改、废止工作上却不及时,还不能完全跟上社会发展的要求。警察机关适用的法律、法规和规章仍然有很大一部分是在改革开放之初制定的,有的与其他新制定的法律、法规不相协调,有的已经不适应形势发展的要求。由于这些法律、法规和规章没有进行及时的修改和废止,从而影响了警察法规体系的严谨、和谐、统一。公安工作"法制化水平较低",因为我们过去注重依靠行政手段管理社会,法律法规虽多,空白点仍多,而且我们的法律法规在内容侧重上也有一些问题。

(三)警察立法部门利益化倾向突出

考察我国警察法的某些弊病,在于其中有许多是部门利益被法制化的结果,尤其是公安机关参与国家立法(比如提供法律草案),或者制定部门规章、制度、政策,易滋生部门本位主义。"行政立法往往由行政机关自己起草、自己制定、自己执行,导致'行政权力部门化,部门权力利益化,部门利益法制化'。过滥的行政许可、不当的行政处罚、集资、摊派、管制等严重侵害公民、法人和其他组织正当权益的行政行为,是以行政立法的面目出现的。"① 我国警察在立法中"向来重权力、轻责任,重管理、轻保护。公安方面的立法,多考虑的是公安机关作为主管部门的工作便利",及"公安立法往往是对自身的权力强调得多、规定得比较具体,应承担的责任规定得比较抽象,对涉及公民、法人和其他组织的权利却规定得比较原则,义务规定得很具体;对公安机关设定的管理程序简便,公民设置的一些办事条件、办事程序、办事时限不便民、不利民甚至扰民",就是部门立法参与太深而带来的问题。

(四)警察立法概括性突出,可操作性差

在警察行使职权时,规范性文件往往起到了实质性作用,具体到警务实践活动中,缺乏有效、准确和便于操作、执行的法律依据,造成警察在行使职权采取的手段、方法以及在某些执法领域的无所适从。同时,对于实践层面中警察行政协助任务越来越多和非警务活动增多情况,也缺乏相应的法律规定。在社会由管理型向服务型转变过程中,赋予公安机关案件办理的权力过大,而与公众在社会管理、服务方面需求日渐增强的现状相反,赋予警察的权力不是缺乏立法依据,就是授权过小,警务活动难以适应社会管理创新的需求。同时与警察权扩张的现实相比,我国没有指定统一的行政程序法律规范,而是分散在法律法规中,且实体规定与程序规定往往没有明确的划分,标准不一,给警察执法活动遵循正当程序带来困难。

---

① 裴东波:《法治脚步声中的中国警察权——中国警察权的失范与规制问题研究》,吉林大学博士学位论文,2006年,第62-63页。

第三节 完善警察法制建设

一、尽快建立完善的警察法律法规体系

我国警察法律体系，应当以《宪法》为根本依据，通过修订完善《人民警察法》，加快警察执法、行政管理、行政程序立法，形成包括警察刑事法规、治安法规、警察组织法规、警务保障、警察监督法规等法规，重点突出，层次分明，衔接有序，体系科学、完整的警察法体系。实现警察法体系在内部横向和纵向构成上的内容和谐一致、形式完整统一，警察部门主体之间法规之间以及各个层次的警察法律、法规、规章之间，都要做到协调一致。除了符合宪法和法律，不与之抵触，同一层次的法律、法规要保持一致，不能相互矛盾，下一层次要根据上一层次的法律、法规来制定，不能相互违背。[①]同时根据社会发展的需要，对于警察工作有关的一些法规，要及时进行清理，通过修改、补充、完善，及时回应社会管理需要，与我国民主法治建设同步。

二、制定执法的具体标准和规范

我国警察立法原则性、概括性突出，实践中不便于操作，从而造成警察在实际执法中的理解各异，标准不同，难以适从。所以，在法律法规颁布实施后，应及时出台相关的司法

---

① 张兆端：《警察哲学：哲学视阈中的警察学原理》，中国人民公安大学出版社，2010年版，第427页。

解释，制定配套的实施细则和操作职能，做好执法指导，保证统一、公正、严格执法，维护法律的权威和统一，确保各项法律法规能够得到切实有效的执行。

三、做好警察立法的规划

及时回应社会管理需求，对新出现的问题、新领域的问题要及时研究，做好立法规划。一方面，应该在充分认识社会现实及其发展规律的基础上，分析警察社会对警察权、警察职能的新需求，全方位地收集有关警察工作和警察队伍建设的信息，并进行系统的分析论证，为警察法规体系的建设和完善提供科学的依据；另一方面，制定警察立法规划，结合警务发展的需要，适时将规范警察职能、完善警察执法等专项问题纳入立法论证和立法规划，并适时对警察法体系进行清理，确保警察法体系的统一、协调。

第四章　警察法治建设之二：侦查工作机制创新

第一节　警察机关侦查工作机制创新的必要性分析

一、警察机关侦查工作机制创新的意义

（一）推进以审判为中心诉讼制度改革的必然要求

自中央全面深化改革领导小组 2016 年 6 月 27 日审议通过《关于推进以审判为中心的刑事诉讼制度改革的意见》以来，如何在公检法三机关分工负责、配合、制约的宪法原则下，实现侦查活动面向审判、服务审判，以发挥审判在认定事实、适用法律上的决定性作用，遂成为司法界与法律界的重要任务和使命。为切实改善法院审判条件，使法院发挥在认定事实、适用法律上的决定性作用，警察机关需有效履行取证责任，保证证据的确实性及充分性，使控诉证据达到法定标准，经得起法律检验，否则，以审判为中心的刑诉制度改革难以有效推进，即使勉力前推，改革也难以走远。由此，分析侦查工作现状，围绕负面影响侦查取证质量的因素，有针对性地进行各项侦查工作机制的改革与创新，从而以一种务实的精神助推当前改革，无疑就是头等的大事。

(二)对深化警察执法规范化建设具有重大价值

2016年5月20日中央全面深化改革领导小组审议通过了《关于深化警察执法规范化建设的意见》,明确提出以实现执法队伍专业化、执法行为标准化、执法管理系统化、执法流程信息化为目标,保障执法质量和执法公信力不断提高。刑事案件侦查作为警察执法主业之一,如何实现上述目标,确保执法质量以及提升执法公信力,是推进警察执法规范化建设所无法回避的问题。深化警察执法规范化建设是一个系统工程,牵一发而动全身,其成功依赖于相关制度资源的配套、完善与支撑。否则,深化警察执法规范化建设将如同"无源之水",战略上盲目而战术上亦脱离实际。然而,从各地警察机关刑事侦查工作现状来看,一些相关制度的配套缺位已经严重影响到执法规范化建设的成效,在此背景下,分析侦查工作现有问题产生的直接原因,并探究其后隐藏的深层次根源,进而提出合理、可行的应对建议,对于推进警察执法规范化建设具有重大价值。

(三)完善我国冤假错案防范体系的现实需要

众所周知,冤假错案,是司法环节的"毒瘤",具有极其恶劣的社会影响,冤假错案的发生不仅严重损害了司法公正,而且侵蚀了人民群众对法律权威的信赖。

冤假错案通常与刑事生效判决同步产生,但其缘起、发展却贯穿刑事诉讼全程,尤其与侦查环节密切相关。诚然,庭审中对案件事实的认定以及法律适用与冤假错案的产生直接相关,但作为定案主要依据的证据资料,几乎均出自侦查环节,在当前公检法三家分工负责、互相配合、制约的诉讼构架下，案件侦查实质上自成体系，加之我国刑事证据适用规则不够完善，非法证据排除范围过窄，法院对侦查取证的约束力非常有限，在此背景下，反思刑事侦查取证现状，探讨侦查环节绩效考评、非法证据排除、"一长四必"现场勘查制以及搜查、辨认、讯问等相关取证工作中隐含的问题，对于保障侦查环节所取证据之确实、充分，法官自由心证之合理形成，进而准确定案及适用法律，避免冤假错案发生无疑极具现实意义。

（四）有助于提高我国侦查科技水平

在我国刑事案件的办理中，办案人员往往过于重视言辞证据，口供更被视为"证据之王"。这种观念对侦查工作的直接影响是，侦查人员在取证过程中往往过于依赖言词证据。因此，实践中常发生违规取证的情况，甚至刑讯逼供等违法取证的方式也较为常见。创新我国侦查工作机制，提升人权保障水平，无疑对我国言词证据的取证工作提出了更高的要求，也增加了违规提取言词证据的代价，这势必倒逼侦查机关及其工作人员反思当下侦查取证重点，转变侦查工作思路，更加重视客观证据的提取与运用，从而提升我国侦查科技水平，使其在侦查破案中发挥主导作用，进而真正落实我国《刑事诉讼法》第五十三条之规定。①

---

① 《中华人民共和国刑事诉讼法》第五十三条第一款：对一切案件的判处都要重证据，重调查研究，不轻信口供。只有被告人供述 没有其他证据的，不能认定被告人有罪和处以刑罚；没有被告人供述，证据确实、充分的，可以认定被告人有罪和处以刑罚。

（五）有利于推进我国国际刑事司法合作

无论是"一带一路"发展倡议的落实还是打击恐怖主义犯罪活动，客观上都强化了我国与相关国家的联系，同时也对中外之间的刑事司法合作提出了更高的要求。

二、侦查实践中现存问题呼唤侦查工作机制的创新

（一）警力不足、案多人少已经成为我国侦查工作中的主要矛盾

警察员额的设定有其内在规律，与辖区人口数、辖区面积以及犯罪率密切相关。相比英美等国，我国警民比例严重偏低是不争的事实。以英美为例，每十万人警民比分别为 2.75‰、3.25‰，而我国大陆则为 1.57‰[1]。警力不足的同时是发案数量常年居高不下，中国统计年鉴发布的数据显示，仅 2014 年，全国警察机关刑事案件立案 6 539 692 件[2]，受理治安案件 11 878 456 件，查处治安案件 11 202 216 件[3]。

警察系统这种案多人少的矛盾，越到基层表现越突出。以笔者调研的 C 市警察局为例，2015 年，全市在职民警数 3.49 万人[4]，同期全市常住人口数为 3 016.55 万人[5]，警民比为 1.2‰，低于全国平均水平；与之相对，2015 年 C 市 110 共有

---

[1] 夏立款：《侦查、预防、服务三位一体警务模式的启示》，《江苏警官学院学报》，2016 年第 1 期，第 69 页。
[2] 中华人民共和国国家统计局：《24-3 公安机关立案的刑事案件及构成》，《中国统计年鉴》，2015 年。
[3] 中华人民共和国国家统计局：《24-4 公安机关受理和查处治安案件数》，《中国统计年鉴》，2015 年。
[4] C 市公安局：《2015 年 C 市公安局直属单位与分区县局在职民警网上考试场次安排表》。
[5] C 市统计局：《2015 年 C 市 1%人口抽样调查主要数据公报》，《C 市统计公报》，2015 年。

效接警 430.6 万起，同比上升 5%；全市共立刑事案件 187 225 起，同比上升 7.5%，破案 64 985 起①；仅 1 月至 11 月全市治安案件受理 574 837 起，同比上升 0.2%，查处 569 798 起②。这其中还不包括大量的安全监管、重点人口管控、户籍、出入境管理等方面的工作量。可想而知，在案多人少的大背景下，民警的工作强度和压力相当大。

这就带来一个现实的悖论：随着社会转型的加剧，警察机关受理的案件数多年以来逐年递增、高位运行，已经成为新常态，这一因素是客观存在且不受警察机关主观因素影响的；而另一方面，警察民警的员额数又受到严格控制，至少在一个较长时期内警察系统都不大可能大规模扩编。在这样的背景下，警察机关及执法警察为解决案多人少的矛盾，极易采取简化办案流程或者不规范执法的方式来"挤"时间、"压"工作量。但是，无论以"审判为中心"的诉讼制度改革还是深化警察执法规范化建设，必然要求侦查工作的精致化，而精致化无疑将变相加大侦查人员的工作量。这些新要求、新常态都与警察机关案多人少的现实之间形成了一个不可调和的矛盾。在这一现实矛盾下，创新警察机关侦查工作，首先必须解决优化警力配置，提升警务效能问题，即必须内部挖潜，将有限的警力向一线执法部门倾斜。

（二）警察执法自由裁量权弹性过大，可操作性较差

自由裁量权贯穿侦查工作始终，从立案决定到侦查终结、

---

① C 市公安局：《2015 年主要工作任务绩效评价暨公安业务统计数据通报》。
② C 市公安局：《2015 年 1 月至 11 月 C 市各地治安案件和治安类警情一览表》。

从相关侦查措施的启动标准到具体执行的方式，自由裁量权的行使直接关乎侦查程序的执行质量，也与侦查工作中的人权保障水平密切相关。目前，由于我国现行法律对某些问题规定的原则性，执法中自由裁量幅度过大，在案多人少已经成为当前侦查工作主要矛盾的背景下，侦查机关往往过分注重效率，在执行拘留、逮捕等侦查措施时存在一定的随意性，实践中这种"合法不合理"的执法方式一再出现，严重损害了犯罪嫌疑人的合法权益。此外，由于自由裁量权在实践中缺乏明确的执法参照，导致各地侦查机关对于相关侦查措施的启动与实施规范与否的判断，缺乏统一标准，造成同样的问题在不同地方或者同一地方的不同时期会有不同的执法应对，致使"同案不同处"等现象时有发生，类似现象的存在不仅损害了警察执法的形象和法治的威信，也对侦查程序中的人权保障造成了不良影响。

以羁押措施的适用为例，实践中一些地区的警察机关在办理刑事案件时，存在本地籍犯罪嫌疑人羁押率远低于外地籍犯罪嫌疑人的现象。例如张家港市在2005年到2007年三年时间里，涉嫌刑事犯罪的总人数为4840人，其中外地籍犯罪嫌疑人为3641人，占到了总数的79%。与本地籍犯罪嫌疑人相比，在强制措施的使用上，外地籍犯罪嫌疑人呈现出"两高"态势：一是诉前的羁押率高。外地籍犯罪嫌疑人羁押率高达90.5%，而本地籍犯罪嫌疑人羁押率仅为56.2%。二是捕后轻刑率高。在羁押的3323名外地犯罪嫌疑人中，最终被法院判处三年以下轻刑的，占到60%，适用缓刑的占70%。①事实

---

① 董启海：《张家港市检察院取保候审实证研究评析》，《国家检察官学院学报》，2008年第3期，第26页。

上，我国《刑事诉讼法》及相关司法解释对于取保候审、监视居住等非羁押性强制措施的规定，并未"加难"外地籍犯罪嫌疑人，刑事司法实践中外地籍犯罪嫌疑人羁押率过高的现象，恰好印证了我国警察执法实践中自由裁量权过大这一问题。

（三）侦查程序规制滞后于侦查实践发展现状

侦查程序最重要的功能之一就是规范、制约侦查行为，进而保障涉诉人员的合法权益，在打击犯罪与人权保障之间找到平衡点。但这一功能的良好实现需要诸多前提，其中居于首要位置的前提，无疑应该是侦查程序要对实践中，有较大风险或可能性干预涉诉人员人权的侦查行为有所回应。因为，在侦查程序未对相关侦查行为有所规定的情况下，是无法期待其对相关侦查行为进行规范、制约的。

随着社会的进步、科技的发展，我国公民的衣食住行等生活方式与过去相比发生了显著的变化，诸如手机、网络应用等现代化的科技成果在人们的日常生活中发挥着越来越重要的作用。在此背景下，犯罪行为人可兹利用的手段与作案方式同过去相比，也发生了新的变化，犯罪发展更趋智能化、专业化，为了更好地打击、防范新形势下的犯罪行为，侦查机关也做出了一系列调整，加强了科技手段对侦查工作的支撑力度，新的侦查手段、方式层出不穷。然而，也应当认识到，侦查实践中新的发展、变化，犹如"一柄双刃剑"，在有利于打击、防范犯罪行为的同时，也对公民的人权构成了潜在的威胁，加之我国侦查程序设置滞后于侦查实践发展，新的侦查手段、方法并未及时纳入到侦查程序的调整范围，使得这一潜在威胁，由于缺乏程序规制更具现实可能性。实践中这类情况并不鲜见。以信息化侦查为例，其在定时、定位、定人以及案件串并等领域突破了传统侦查措施的局限性，有力地提高了当下刑案侦破效率，这是其有利于打击、防范犯罪的一面。然而，由于信息化侦查发挥作用需依托海量的数据资源，这些数据资源或来自警企、事业单位等合作，或由警察机关自主采集、传输、存储，其中不乏诸如网络注册信息、聊天记录、住宿及出行记录等公民个人信息或公民隐私，这些数据资源在采集、传输、存储及使用中，一旦出现问题，就会对公民隐私权造成侵害，干扰公民正常生活，甚至威胁生命。

下面将通过几则实践案例来予以说明。

实证案例之一：

2014年7月，时任永嘉县拘留所副所长的缪某利用职务之便向黄某、廖某某提供浙江省温州市永嘉县工商行政管理局原副局长王某的身份信息及开房记录情况后，黄某撰写了有关王某个人开房记录及房产情况的文字信息。2014年7月25日，缪某某叫他人协助黄某某将撰写好的文字信息发布到网上，之后在微博、温州703804等网站发布网贴，标题为"永嘉惊现开房局长"，贴文包含王某单位、时任职务、历任职务等信息，并写明其和家人名下在温州地区有多套房产，其在任职期间到永嘉县多处酒店开房达200余次等内容。

第一次发帖未能在网上引起反响，黄某某又提议让缪某某将王某的个人开房记录以照片方式拍摄下来。随后，缪某某又到民警缪某单位查看王某的个人开房记录，并用手机将该记录拍摄下来后提供给黄某某发帖。

7月27日，网友"艾米丽@温州"发帖称，浙江永嘉县工商局党委委员、总工程师王某和家人名下拥有多套房产，

第四章 警察法治建设之二：侦查工作机制创新

分布在温州市区、永嘉县瓯北桥头等地。而且，在任永嘉县工商局大队长、某分局长期间，王某某到永嘉县梦江大酒店、瓯北宏泰宾馆等多处酒店开房达 200 多次。

由于这次的帖子里附有王某开房记录的截图，该帖发出后，引发大量转发，该事件一时成为社会舆论关注热点，2014 年 8 月 3 日浙江省温州市永嘉县工商行政管理局副局长王某因个人 200 多次开房记录被曝光，不堪压力而卧轨自杀。①

个人住宿信息是信息化侦查等相关侦查措施赖以发挥作用的重要数据支撑，但由于我国侦查程序并未对信息化侦查等相关侦查措施的启动条件及数据采集、存储、使用规则等方面作出相应规定，导致实践中个人住宿信息等相关个人信息存在乱用隐患，更有甚者，个别侦查人员甚至对外提供查询个人信息的付费服务。

实证案例之二：

2017 年 2 月 16 日中央电视台《新闻 30 分》等栏目播出专题节目《猖獗的个人信息贩卖》，涉及的案件系河南省平顶山市警察局矿二路派出所交管巡防大队协警陈某（男，25 岁，河南平顶山人）、严某（男，20 岁，河南平顶山人）使用该大队民警项某的数字身份证书，自 2016 年 11 月起，陈某利用项某的数字身份证书大量查询车牌号码信息，并以每条 5 元的价格，向王某（男，从事二手车交易业务）出售 100 余条。此后，陈某还多次贩卖公民个人信息非法获利 1 万余元。2016 年 12 月间，经陈文龙提议，由严某帮助陈某使用项某的数字

---

① 《浙江一局长被曝开房 200 次后卧轨自杀 爆料者获刑》，查询时间：2017 年 2 月 10 日，网址：http://news.ifeng.com/a/ 20150316/ 43351319_0.shtml。

身份证书查询公民个人信息，并通过由陈某、严某、王某3人组建的微信群进行贩卖，共同牟利。2017年1月以来，严某除伙同陈某贩卖公民个人信息外，还自己单独"接单"倒卖公民个人信息，非法获利8千余元。2月17日，平顶山市警察局对民警项某采取禁闭措施。2月18日，陈某、严某被宝丰县警察局依法刑事拘留。

同期节目还播出了陕西省榆林市警察局交警支队高交大队靖王中队寨山分队交通协管员王某使用分队长曹某的数字身份证书，利用公安部信息查询等系统违规查询并拍照，通过互联网向社会不法人员贩卖。

自2015年起，王某通过微信、QQ等网络聊天工具招揽公民个人信息查询和贩卖业务，每隔3至5天便利用曹某的数字身份证书查询相关信息后拍照，以每条5元至20元不等的价格出售牟取非法利益。同时，王某还经常与4个"上家"通过微信号联系，从中倒卖信息赚取差价。2月18日，榆林市警察局交警支队作出对曹某停止执行职务60日的决定。2月19日，王某被靖边县警察局依法刑事拘留。①

除了上述案例之外，实践中近来影响较大的泄露公民隐私及个人信息的案件还包括："河北省石家庄市警察局鹿泉区分局获鹿镇派出所辅警仵某涉嫌侵犯公民个人信息案""山西省大宁县警察局刑侦大队辅警贺某涉嫌侵犯公民个人信息案"、"山东省青岛市警察局市北区分局巡警大队辅警胡某、赵某涉嫌侵犯公民个人信息案""湖南省安乡县警察局黄山岗

---

① 《关于转发公安部〈关于近期公安机关内部人员侵犯公民个人信息案件有关情况的通报〉的通知》，查询时间：2017年4月10日，网址：http://www.nxpl.gov.cn/info/egovinfo/neirongye/64022100-GA-0003-16_A/2017-0329012.htm。

派出所辅警刘某涉嫌侵犯公民个人信息案"等。这些影响恶劣案件的频频发生，一方面凸显出当前我国刑事司法实践中公民隐私及个人信息保护中存在的不足；另一方面也充分有力地说明了创新侦查工作机制、完善侦查程序，令其适应侦查实践发展新需要的必要性及迫切性。

（四）侦查机关内部监督机制存在问题

完善的侦查监督体系及其运行机制是推进警察执法规范化建设的有力保障，也是回应以"审判为中心"诉讼制度改革的必然要求之一。实践中，我国侦查机关内部的执法监督以法制部门的监督最为直接有力，因为，绝大多数刑事强制措施决定的作出，都要经过法制部门的审核把关，而通过对案件卷宗的审查，法制部门可以了解诸如取证乃至强制措施适用中存在的可能侵犯人权的问题，并直接对侦查人员提出纠正意见，直至问题得到解决。然而，实践中法制部门的监督也存在一些问题，一是监督方式单一，主要限于对案件卷宗材料的审核；二是监督内容主要集中在强制性措施的适用以及移送审查起诉是否符合法定条件上面。这导致的直接后果就是，法制部门对强制性措施执行层面是否存在侵犯人权情形进行监督的能力不足。因为，执行层面的信息，一般难以在案件卷宗中体现。此外，对于占据侦查工作比例很大的任意性侦查措施，由于不需要法制部门审核把关，且卷宗中一般难以显现，因而难以进行监督，而任意性侦查措施，正是目前被社会各界广为诟病指责的执法领域。

利用技术手段对侦查工作进行监督也成为侦查机关内部监督新的着力点，其中以 2016 年 6 月 14 日公安部颁布的《公安机关现场执法视音频记录工作规定》(以下简称《规定》)为代表。《规定》第二条明确要求公安机关利用现场执法记录设备对现场执法活动进行全过程视音频同步记录，其有助于证明民警执法行为合法性的同时，也对民警是否规范执法形成了有力的监督制约，从而有助于提升侦查阶段的人权保障质量。但《规定》仍有不尽完善之处。其一，正如《规定》名称所示，其对警察执法行为的记录，主要集中于现场执法活动，而现场执法活动只是警察执法活动整体中的一部分，难以对侦查工作形成全覆盖；其二，该《规定》对警察执法的监督方式过于被动，其监督价值主要体现在为事后倒查提供依据，主动介入性不强，且无常态化的监督机制设定。例如，《规定》第十四条第三款指出："纪委、警务督察、法制、信访等部门因案件审核、执法监督、核查信访投诉等工作需要，可以要求采集资料的部门提供有关现场执法视音频资料。"[①] 其中"工作需要"为审查前提，且较为抽象，可操作性不强，另外，"可以"也决定了审查执法视音频资料为非必选项，这导致了实践中对音视频的审查力度不高，且较为被动，主动介入性不强，这些因素无疑削弱了侦查机关对于人权保障的监督力度。

（五）侦查阶段辩护律师参与率过低

刑事诉讼是建立在控、辩、审三方良性互动基础上的制度设计，只有控辩双方尤其是辩护律师充分发挥其辩护功能，提出有质量的法律适用和质证意见，才会对侦查行为形成有

---

① 中华人民共和国公安部，《公安机关现场执法视音频记录工作规定》第十四条第三款，2016年。

第四章　警察法治建设之二：侦查工作机制创新

力的制约，从而使涉诉人员的人权得到切实有力的保障。然而，我国当前的刑事辩护实践情况却并不能令人满意。虽然2012年《刑事诉讼法》修正时，将指定辩护适用的案件范围扩展到可能判处无期徒刑以上的案件，但与实践中的刑事案件量相比而言实属杯水车薪。根据《中国统计年鉴（2015）》发布的数据显示，2014年我国警察机关刑事案件立案6 539 692件①，检察机关自侦类案件立案41 487件②，合计6 581 179件，而同期律师在刑事诉讼中的参与数为667 391件③，律师参与率约为1/10，换而言之，有9/10左右的刑事案件是没有律师参与的，考虑到律师在刑事诉讼中的参与数除辩护外还包括代理，以及部分辩护律师是在案件移动审查起诉后才参与到诉讼进程中来，因而侦查阶段辩护律师参与率还要低于1/10。辩护律师在侦查阶段的缺位由此可见一斑。

（六）现有侦查绩效考评制度对执法质量的正向引导力不足

绩效考核制度对侦查工作具有极强的结果导向作用，其对侦查行为的牵引力、控制力，是提高侦查工作质量所无法忽视的。然而，目前我国侦查绩效考评制度存在重数量轻质量，忽视人权保障的问题。以笔者调研的C市警察局为例，由市局制定的《2016年警察机关主要工作任务绩效评价办法》（以下简称《办法》），效力相当于全市各区县警察机关警种（部门）所制定二级、三级警察业务绩效考评办法的总纲，也是

---

① 中华人民共和国国家统计局：《24-3 公安机关立案的刑事案件及构成》，《中国统计年鉴》，2015年。
② 中华人民共和国国家统计局：《24-7 人民检察院直接立案侦查情况》，《中国统计年鉴》，2015年。
③ 中华人民共和国国家统计局：《24-21 律师、公证和调节工作基本情况》，《中国统计年鉴》，2015年。

市局对各区县警察机关业务绩效评价的依据。《办法》评价板块分为五大类，总分值 100 分，其中打击能力板块以起诉数和破案攻坚数为评价项目，分值 40，占总分值 4/10，而执法质量作为五大板块之一，分值仅为 8 分，不足总分值的 1/10，仅为办案数量所占权重的 1/5，绩效考评对侦查办案重数量、轻质量的弊端非常突出。①

尤其值得一提的是，上文执法质量评价板块中对警察刑事执法质量的评价指标也凸显角度单一，主要来自检察机关与法院对警察侦查取证行为的违法性评价。例如，以案件因非法证据排除被检察机关作出不捕、不诉、撤回起诉决定，或被法院判决无罪为标准，既属于事后评价，无法事中干预警察侦查行为、及时纠正错误，又没体现出警察系统内部对案件执法质量等方面的积极性引导，以及对相关执法行为的否定性评价。因而，其对具体侦查工作中人权的保障效果也令人生疑。

（七）现有刑案现勘工作机制难以确保取证客观及充分性

"一长四必"现勘制实施四年多来，在实践运行中暴露出来的一些机制性问题，已经严重影响到现勘取证的客观性及充分性。具体而言，问题之缘起，体现在如下两个方面：一是多数地区警察机关现勘工作机制为"一岗多责，勘录一体"。这种机制最大的特点是出勘民警内部不作分工，整体负责案发现场诸如指纹、足迹、DNA 生物检材等痕迹物证以及相关涉案信息的提取，并将其录入到相关系统中以供案件串并之需。在目前案多人少的背景下，此机制对现勘取证具有较大

---

① C 市公安局：《2016 年公安机关主要工作任务绩效评价办法》，《C 市 2016 年公安绩效考评通报》，2016 年。

第四章 警察法治建设之二：侦查工作机制创新

负面影响。以 C 市为例，2015 年全市共立刑事案件 187 225 起，而同期全市在编技术民警仅 1 090 人。这其中还包括大量不出现场的检验鉴定、内勤及领导岗位民警，案多人少矛盾可见一斑。以笔者抽样访谈城区一线刑技民警的情况来看，普通值班日出勘现场在五个以上，较多的十余起，普通刑事案件出勘民警一般为两人，按照警察部要求的"四必"现勘制，这两名民警不单要提取案发现场的各类痕迹物证，还要配合采集视频监控、基站等无形信息，并将勘查发现的信息如勘验笔录、现勘分析意见、提取的痕迹物证、检验鉴定结果等录入相关系统中。该种现勘机制之下，前期提取的痕迹物证及涉案信息越多，后期录入的工作就越繁杂，承担的责任也就越大，这种工作逻辑一经形成，就严重削弱了刑技民警的取证热情，直接影响了现勘取证的客观性及充分性。

二是当前现勘考核评价标准无法保障现勘取证的真实性及充分性。现勘考评体系中对取证质量评价机制的缺失，是影响现勘取证真实性与充分性的主要症结之一。以 C 市为例，其市局制定的刑案现勘考评要点第二部分考核内容，共分五大板块，其中仅信息录入质量板块与"质量"相关，而经验法则表明，信息录入质量的保障是以痕迹物证提取及信息采集质量为前提的，然而，这个关键"质量前提"在其现勘考核内容中恰恰没有体现，这也间接提高了下一步现勘信息串并案工作的误中率，进而扩大了冤假错案发生的可能性。此外，司法实践中，现勘考评体系对痕迹物证提取率及信息采集率的评价标准存在重形式轻实质的倾向。仍以 C 市考评要点为例，其对痕迹物证提取率的计算方式为：提取到痕迹物证的现场数占十类案件发案总数的比率。依据该规定，出勘民警在同一案发现场提取指纹数一枚与十枚在考评上的价值是一样的，在案多人少的背景下，出勘民警极易采取减少取证数量的方式来降低工作量，由此可见，完善现勘工作机制，合理制定现勘考评要点，对提高出勘民警取证热情，保障现勘取证的客观性、充分性具有极其重要的现实意义。

（八）警察机关内部非法证据排除机制不健全

《刑事诉讼法》第五十四条二款明确规定，在侦查时发现有应当排除的证据的，应当依法予以排除。但到目前为止，我国警察机关尚无全国性的、关于非法证据排除机制方面的规定，实践中各地做法不尽相同，由于缺乏全国层面统一的权威规定，侦查阶段非法证据排除效果并不理想。

排除非法证据的前提是界定非法证据，对于何为"刑讯逼供等非法方法"以及非法证据的其他相关概念，《刑事诉讼法》中并未给出明确的界定，而"两高"对于非法证据排除的相关司法解释并不一致，对于刑讯逼供等非法方法的界定更是存在一定冲突，这对实践中侦查环节排除非法证据造成了较大的困扰。例如，按最高检在《人民检察院刑事诉讼规则（试行）》第六十五条二款规定，构成刑讯逼供需具备目的、手段、程度三个要件，即以逼取口供为目的，使用肉刑或变相肉刑为手段，达到令犯罪嫌疑人肉体或精神感受到剧烈疼痛或痛苦程度。而按照最高法《关于适用〈中华人民共和国刑事诉讼法〉的解释》第九十五条中的规定，成立刑讯逼供的程度标准，除令被告人肉体或精神遭受剧烈疼痛或痛苦外，还应达到迫使被告人违背意愿供述的程度，换而言之，如被告人耐受能力强，承受肉体或精神剧烈疼痛或痛苦后仍拒绝违背意愿供述，按最高法的司法解释，侦查人员的行为不应构成刑讯逼供。与最高检的司法解释相比，这无疑提高了刑讯逼供的准入门槛，也对侦查阶段非法证据排除的实践操作产生了较大的困扰。又如，对于《刑事诉讼法》第五十四条一款"刑讯逼供等非法方法"中的"等非法方法"，最高检与最高法的司法解释也不一致。最高检在《人民检察院刑事诉讼规则（试行）》第六十五条三款中对"等非法方法"的认定主要基于两个评价标准，一是违法程度和强迫程度与刑讯逼供或暴力、威胁相当；二是迫使被告人违背意愿供述，其对非法取证行为发生作用的方式、手段并无特别限定。与此相对，最高法《关于适用〈中华人民共和国刑事诉讼法〉的解释》第九十五条一款则对非法取证行为发挥作用的方式作出了限定，即只有采用的非法取证行为，令被告人在肉体或精神上承受剧烈疼痛或痛苦，且达到迫使被告人违背意愿供述的程度，才构成"刑讯逼供等非法方法"。由此可见，两高对"刑讯逼供等非法方法"的司法解释存在一定的差异。举例说明，按最高检的司法解释，当讯问中存在引诱、欺骗，且其非法及强迫程度与刑讯逼供、暴力威胁相当，并成功迫使被告人违背意愿供述的，应当认定为《刑事诉讼法》第五十四条一款中的"刑讯逼供等非法方法"，而引诱、欺骗由于通常无法令被告人在肉体或精神上遭受剧烈疼痛或痛苦，甚至多数引诱、欺骗可以令被告人产生精神愉悦的感觉，因此不能构成最高法解释中的"刑讯逼供等非法方法"。两高司法解释中关于非法证据排除方面类似的差异，给实践中侦查环节排除非法证据造成了一定困扰。

　　侦查阶段非法证据排除规则的落实依赖于良好的实践执

行机制,如前文所述,目前我国警察机关侦查环节尚无全国统一的非法证据排除机制规定,从各地的实践情况来看,在侦查环节排除非法证据中存在诸如主管部门、启动标准等方面的问题,以笔者调研的 C 市警察局为例,C 市警察局在 2016 年制定了《C 市警察机关刑事案件非法证据排除规定(试行)》,按照该规定,侦查环节非法证据启动条件有三种,一是当事人及其辩护人、诉讼代理人提交的排除非法证据的申请;二是人民检察院认为可能存在以非法方法收集证据情形,要求警察机关说明的;三是人民法院认为现有证据材料不能证明证据收集的合法性,通知有关办案人员或者其他人员出庭说明情况的。① 这三种启动条件具有一个共同的特点,即警察机关接收案件线索的被动性,该启动条件中没有对警察机关内部主动发现非法取证,进而开展相关调查工作提出要求。此外,依据该规定,警察机关法制部门是刑事案件非法证据排除的主管部门,此处至少有两个问题值得思考:一是法制部门是否具备非法取证的调查能力。法制部门对案件的审核、检查主要集中于案件卷宗,采用书面审查的方式事实上很难发现非法取证的真实情况,尽管依据 C 市警察局的非法证据排除规定,法制部门可以调取讯问同步录音录像等资料,但该规定并未对诸如办案单位无法提供讯问同步录音录像等情形的后果作出相应规定,这在实践中进一步削弱了法制部门调查非法取证的能力。二是由法制部门主管侦查阶段非法证据排除的权威性问题。实践中法制部门与办案部门多属平级单位,彼此之间并无隶属关系,这在行政化氛围浓厚的警察

---

① C 市公安局:《C 市公安机关刑事案件非法证据排除规定(试行)》第 6 至 7 条,2016 年。

机关内部来说，由法制部门主管非法证据排除确显权威性不足，加之在绩效考核及案多人少的办案压力下，法制部门对非法取证行为的调查难度可想而知，其抗压能力、抵御外界干扰开展调查工作的能力都令人怀疑。

(九) 现有警察民警招录与职后培训制度不能满足侦查工作需要

由《人民警察法》第二条将警察的任务界定为"预防、制止和惩治违法犯罪活动"之日起，对抗性就成为了警察执法工作的基本属性之一。对抗性意味着警察常常置身于高风险、高压力的执法情境，这决定了警察难以像在理想状态中那样，以纯理性的视角审视案件，运用自身专业知识，沿着法律设定好的"轨迹"与执法相对人互动，进而做出合法、合情理的判断或决定。与之相反，民警心态在执法实践中，常常被执法相对人及其亲友乃至别有用心的"围观群众"干扰，甚至为对方言行举止所激怒，此种情况下，民警内心中的非理性因素往往被放大，极易影响民警正常执法。因此，具备良好的心理素质，面对复杂的执法情境，能将内心中的非理性因素控制在一个合理的限度内，对于开展侦查工作无疑至关重要。

提升民警心理素质的途径主要有职前审查与职后培训两个途径。职前审查指把好职业入口关，淘汰不具备警察职业心理素质潜质的人；而职后培训则指对已录用民警进行必要的心理训练，以使其具备良好的警察心理素质。然而，目前我国警察机关对民警心理素质的入职把关与职后培养制度都不尽如人意。以入职把关为例，2015年11月19日，警察部会同人力资源社会保障部、国家公务员局制定的《关于加强警察机关人民警察招录工作的意见》中要求:"有条件的地方在招警时,可结合实际开展心理素质测评试点工作,并将测评结果作为辨识考生是否适合从事人民警察职业的重要参考。"①但从这个要求可以看出两点问题,一是对民警入职前的心理素质进行把关,各地警察机关不做统一要求;二是其测评结果不计入招警测试总成绩,因而实际效果并不理想。

职后培训对于民警心理素质培养缺失的问题也很突出。常见的职后培训主要有警衔晋升培训、基于民警岗位的警察业务提升培训。此外,年度执法资格考试以及各地自行组织的各类网学网考,对民警提高自身能力也有较强的导向作用。然而,无论警衔晋升还是其他警察业务专项培训,乃至执法资格考试与各地网学网考,涉及民警心理素质培养方面的内容都十分有限,这与民警心理素质对警察执法行为的重要影响显得十分不匹配。

(十)当前民警执法技术能力有待提高

在自媒体高度发达的今天,民警执法行为很可能不经意间成为舆论关注的焦点,每个细节都可能被无限放大,成为公众对警察执法公信力判断的依据,这要求民警应该具备高超的执法技艺,不但要熟悉法律规则,具备良好的法律与警察业务素养,还要能在执法实践中,针对具体案情,审时度势、把握好时机,做出最恰当的执法行为应对。但以笔者从各地警情通报以及相关媒体中了解到的一些警察执法情况来

---

① 公安部、人力资源社会保障部、国家公务员局:《关于加强公安机关人民警察招录工作的意见》,2015年。

看，一些民警的执法技艺距离上述要求还有较大的差距，这在对违法嫌疑人采取行政强制措施上表现得尤为突出，相关执法民警明显缺乏对行政强制措施适用时机选择的经验和技巧，对该如何正确运用行政强制措施也不得要领。例如，今年引起网民广泛关注的 F 市 Q 区警察局 L 派出所民警以阻碍执行职务为由强制传唤违法行为人事件，根据事发当时围观群众拍摄的视频，强制传唤发生在民警车辆违停处罚决定作出之后，即民警职务行为已结束，因此，采取强制传唤的时机不恰当；其次，执行强制传唤前，当事民警未正告违法行为人其行为的违法性及其依据、后果，表明其对强制措施适用规则的一知半解；再次，执行强制传唤期间，未及时安抚同违法行为人随行的儿童，也没有同时做好围观群众的解释工作，争取支持，致使整个执法过程显得十分忙乱无序。这些情况表明，民警在执法实践中的技巧和能力都有待提高。

（十一）现有侦查学教学存在"重破案轻取证"的倾向

基于我国传统的刑事诉讼构造，侦查中心主义有着漫长的历史地位，成为公检法关系的一个独特注脚。由此，在整个刑事诉讼的进程中，侦查机关充当了非常强大和重要的角色，侦查破案也成为侦查机关展现自身力量与责任、地位与荣耀的基石。[①]一起案件，往往在侦查机关宣布成功破案后即

---

① 受新刑诉法修改影响，2013 年 1 月 1 日施行的《公安机关办理刑事案件程序规定》取消了破案这一环节，但在公安机关内部，破案作为一项重要的指标依然保留。一方面，在内部办案程序中依然保留破案这一环节，以重庆为例，侦查人员在办案时仍需填写《呈请破案报告书》；另一方面，一些地方尽管取消了对原有破案绝对数的考核，但通过对立破比、诉破比等指标的考核，破案指标的影响力仍根深蒂固。

"尘埃落定",而很少有人去关心随后的起诉与审判。在"侦查定案"司法现实的映射下,教会学生侦查破案成为侦查学专业课程教学理念的中心,侧重对学生进行侦查破案思维的培养,提升学生侦查破案的能力成为侦查学专业人才培养的主要特点。

　　侦查学专业课程的设置与教学方法也深刻反映了这一教学理念。当前各个院校侦查学专业课程的设置大同小异,骨干课程主要由"侦查学总论""犯罪现场勘查""侦查措施与策略""刑事案件侦查""预审学"等组成。这些课程从不同方面培养着学生从已知条件入手,运用各种措施和手段,寻求案件线索,探索还原案件事实的一种思维方法。在教学方法上,侦查学专业课程大量的使用案例教学,通过实际或模拟的案例引导学生进行发散与追溯式的思维锻炼,培养学生通过各种途径寻求案件突破口的能力,其本质也是在培养学生的侦查破案思维。因此,侦查破案思维构成了侦查学专业学生与法学专业学生的一个显著区别,也是侦查学专业培养上长期引以为傲的一个特殊优势。然而,这种特殊优势的背后也衍生了一些问题。

　　一是学生侦查破案思维强,取证固证意识差。传统的侦查破案思维实际上是一种"查明"思维——学生可以通过对案件的分析和探索在内心形成自己对案件事实的认知,但现代刑事诉讼的要求是"证明"思维——侦查人员不仅要让自己明白案情,更重要的是收集固定证据让他人即检察官、法官明白案情。两者的区别在于"查明"可以充分发挥侦查人员的主观能动性,形成结论的依据可以是逻辑推理、证据、甚至直觉和经验,而后者的依据则必须是确实、充分的证据。在刑事诉讼的意义上,"查明"仅仅是"证明"的前提,而"证明"才是最终的目标。单一的侦查破案思维培养固然强化了学生"查明"案件事实的能力,但却忽视了培养学生"证明"案件事实的能力。一些侦查学专业学生学会了细致入微地找寻案件线索,灵活机变地抓获犯罪嫌疑人,思维开阔地推导整个案情,但对整个侦查过程能够获取什么证据、获取的证据能够证明什么案件事实缺乏认识,最终导致侦查行为在接受起诉和审判检验时出现问题。

二是学生宏观思维能力强,微观操作能力差。侦查破案思维总体来讲是一种宏观思维,它侧重于思维方式的培养,而少于微观方面的侦查行为规范化训练。过于侧重宏观思维能力的培养容易导致学生微观操作能力的弱化。一些侦查学专业学生,在进行案情分析时思路开阔、井井有条,但对于如何实施侦查却缺乏基础知识。一些学生开口就是上网追逃、拘留、逮捕犯罪嫌疑人,却对上网追逃的程序,拘留、逮捕的条件,如何证明犯罪嫌疑人具备社会危险性或符合径行逮捕的条件,如何填写《提请批准逮捕书》和《犯罪嫌疑人危险性说明书》等缺乏基础训练;一些学生动辄就是视频侦查、网络侦查、技术侦查,却对如何调取、分析视频图像,网络配侦的范围,案件是否能够适用技术侦查等基础知识一无所知。一些学生对于侦查难度较小的零包贩毒等案件不屑一顾,但在实际操作中却不能规范地实施毒品的现场提取、封存、扣押等基本步骤。

第二节　警察机关侦查工作机制创新的构想

一、明确警察工作职责，建立警力编制动态调节机制

目前，警察民警的员额数受到严格控制，至少在一个较长时期内警察系统都不大可能大规模扩编，在此背景下，针对案多人少的执法困境，可以考虑的选择性方案包括：

一是修订《人民警察法》，科学合理界定人民警察职责权限，明确各级警察机关事权，降低非警务活动在警察工作中比例，以达到提升警务效能的目的。长期以来，警察工作中大量非警务活动占据着重要地位，这不但挤占了本就十分有限的警力资源，也弱化了警察机关打击犯罪、维护社会治安的职能。这种现状的出现，原因是多方面的，现有《人民警察法》对于"警务"与"非警务"界限没有做出明确的区分，无疑是造成这种现象的根本原因。当前，"非警务活动"对警察工作的负面影响已引起各地警察机关的普遍重视，河南、河北、吉林、辽宁等地此前已相继出台了给110"减负""瘦身"的相关规定，但其实践效果并不理想，诸如孩子不服管教、独居老人想找人聊天等无效报警依然大量存在，此类报警占据着报警通道，使真正有需要的人无法报警，甚至可能导致一些非常严重的后果。反思各地经验教训，宣传不足无疑是其中之一，但究其根源，《人民警察法》及相关法律法规中未对"警务"与"非警务"做出明确界定，则是导致110"减负"改革成效不理想的根源。因此，下一步在立法上明确

"非警务活动"等相关概念无疑是提升警务效能的重要切入点。

二是建立警力编制配置动态调节机制。与传统的"警力下沉"基层提法相比，警力编制动态调节机制的内涵更为广泛，针对性、时效性更强。警力编制动态调节机制拟建立以自然因素、人员因素、业务因素等为指标，科学设置并动态调节警察系统各单位及相关警种的编制数、警力数、机构设置等，该种设置有利于发挥警力最大效能，避免警力资源的浪费。此外，该机制的良好运行还需要一系列的配套制度作为支撑，其中有两个方面的内容值得重点思考。一是民警进入新岗位的适应力问题。为避免民警因不熟悉新岗位业务而导致工作效能低下，在决定调整警力编制后，民警到达新岗位之前，应对相关民警进行转岗培训，培训内容应该基于拟转岗位工作内容制定，且培训结束后应安排相关民警进行短期"实习"，以增强其在新岗位的适应能力，使其尽快进入工作"角色"。二是转岗民警的福利待遇应该得到保障，尤其对转岗到工作条件艰苦、任务繁重岗位的民警，应从津补贴及升职机会等方面给予适度政策倾斜，以增强民警对转岗及之后工作开展的积极性。

二、规范侦查自由裁量权

对于警察执法自由裁量权弹性过大这一问题，首先应当从立法及相关司法解释入手解决，对警察执法自由裁量权加以规制，尽可能缩限自由裁量权的使用范围，并能在必要的情境中为侦查人员合理使用自由裁量权提供指引，从而减少因无章可循造成的客观失误，杜绝因个人情绪或私利导致的主观任意。此外，应在警察机关内部营造良好的关于强制措施等侦查措施的适用氛围，以笔者调研的C市警察机关为例，在对法制民警及办案民警的随机访谈过程中，笔者了解到一些民警对适用取保候审、监视居住等强制措施心存顾虑。一些民警坦诚，通常只有在别无选择的情况下，才会对犯罪嫌疑人适用取保候审或监视居住这类强制措施，否则即使犯罪嫌疑人符合取保候审或者监视居住条件，办案人员也会倾向采取刑事拘留代替，以免发生犯罪嫌疑人脱保或取保候审、监视居住期间继续犯罪而被事后问责。更有甚者，一位法制民警在访谈中谈到，其曾因审核通过几个符合取保候审条件的犯罪嫌疑人，而被当时分管局领导单独请到办公室要求其解释审核通过的理由，那种备受质疑的滋味令这位法制民警至今难以忘怀。①由此可见，改善警察机关内部对于自由裁量权具体适用的思维观念也是重中之重。

三、完善侦查程序，以解决侦查实践中出现的新问题

解决侦查程序滞后侦查实践发展需要这一问题，需从以下两个方面入手：首先，对现有积存问题进行分类整理，梳理出可由完善侦查程序这种方式予以解决的问题，这类问题主要集中于当下伴随科学技术发展而出现的侦查方式、方法、手段的新发展、新变化。例如在大数据及警企合作等背景下，信息化侦查新的技战法层出不穷，针对现有相对成熟、稳定

---

① 笔者曾于2016年7月9日至11日对C市公安机关民警随机访谈，并根据访谈内容整理成访谈记录。

的技战法，应进行分析归类，对于公民合法权益具有较大干预可能性的技战法，要及时纳入侦查程序的规制范围，从启动标准、适用方式及救济措施等多方面予以规范，以期在打击犯罪与保障人权之间找到合理的平衡点。具体而言，可以考虑的方案是以刑诉法修正案的形式，及时将实践中出现的，对于公民合法权利有较大干预且相对比较成熟的侦查手段，纳入到刑诉法侦查程序中进行规制。其次，对于出现时间较短且发展不够成熟的侦查方式、手段，若对公民人权有较大现实危险性，则应先以部门规章或侦查指导手册的形式进行规制、引导，待其发展成熟再纳入到侦查程序的调整范围。例如，对于信息化侦查赖以存在的数据信息资源的管理，可以通过部门规章及侦查指导手册的方式予以规范，严格数据的采集范围及传输、存储标准；使用相关数据，必须基于侦查办案的需要，并且通过技术手段对相关数据资源的查询过程进行记录，以便出现违规事件后进行调查追责。

四、完善侦查机关内部执法监督机制，提高监督效能

如前文所述，现有侦查机关内部执法监督存在的主要问题，一是法制部门监督方式单一，内容狭窄；二是视频监控等科技手段的运用存在覆盖面窄、应用被动等问题。上述问题的解决，应从拓展警察机关法制部门对侦查工作进行监督的方式和范围入手，即案件审查由书面审核向书面与实体审核并重过渡，加大对执行层面侦查行为的监督力度，可以借鉴原劳动教养的聆讯制度，在审核批准限制人身自由的强制

措施前，对其进行讯问，听取其有罪供述或无罪辩解，以及了解在案件侦办过程中办案人员是否存在违法违纪情况，不但可以综合判断案情，为审核批准强制措施适用与否提供依据，也可以加大对侦查工作执行层面的监督力度，更好地保障犯罪嫌疑人的人权。此外，对于视频监控等科技手段的运用，应从完善使用规则入手，扩大其对侦查行为的记录范围，如变现场执法记录为侦查工作的全程记录，并针对所存储的侦查工作记录资料，设置主动式、常态化的定期审查机制，以增强其监督、制约侦查行为，提高其人权保障的功能。

五、扩大刑事案件指定辩护的适用范围，提高侦查阶段辩护律师参与质量

影响侦查阶段刑事辩护参与率的因素很多，诸如当事人及其近亲属对辩护律师的作用存在误解，因而不愿聘请；又或因经济状况不佳，无力聘请律师；等等。无论原因如何，当下提高侦查阶段辩护律师参与率最为有效的方法无疑是扩大指定辩护的适用范围，即将指定辩护适用的案件范围由可能判处无期徒刑以上的案件，扩展为有期徒刑以上。此外，为提高侦查阶段辩护律师的参与质量，为其保障犯罪嫌疑人人权提供切实的条件支撑，应准许律师旁观搜查、辨认及侦查实验等侦查措施的实施，以便辩护律师对相关侦查行为进行监督，以及为庭审时提出更有价值的质证意见创造条件，从而达到规范侦查行为、保障犯罪嫌疑人人权这一目的，当然这需要较高程度的律师执业伦理及从业纪律规范作为配套支撑。

六、完善侦查绩效考评机制，提高其对人权保障的正向引导力

如前所述，当前我国侦查绩效考核存在结构失衡，重数量、轻质量，忽视人权保障的问题，这一问题的出现，有一定的现实基础，既是侦查机关作为一个整体，对于社会舆论要求提高打击犯罪效率的回应，也是侦查机关部分领导的"政绩观"在考核制度中的反映，又或者是提高侦查人员工作积极性，缓解其职业倦怠心理的客观需要。然而，无论是回应舆论关注，还是基于"政绩观"又或提高工作积极性的需要，都带有浓重的主观色彩，对于侦查绩效设定背后的真实逻辑和人权保障价值关切不够。侦查绩效的设定应基于一定辖区的自然因素、人口因素、刑事案件发案率及侦查人员的人力资源及业务水平等因素，并应在打击犯罪与人权保障之间取得平衡。因此，当前侦查绩效考核内容的确定，应在充分调研辖区相关情况的基础上制定，并增加人权保障质量评价权重，进而提高其对人权保障的正向引导力。

七、完善刑案现勘工作机制，以确保现勘取证的客观性、充分性

完善刑事案件现场勘查工作机制应从现勘主体入手，为避免基层技术人员身兼数职，不能专心本职工作，首先应将基层技术人员的办公场所从派出所等办案单位剥离出来，具体办公场所的设定需在实地调研辖区发案特点的基础之上确定。例如，可根据辖区发案特点及规律，在案件高发区域设

置少量技术分室,以便案件发生之后,出勘民警能尽快赶到案发现场。此外,基层技术人员合并办公可以节约对刑技设备的投入经费,并且可以发挥刑技设备的集成效应,提高设备利用率及使用效果。

其次,合理配置技术人员数量,提高待遇以增强技术人员的工作积极性。基层技术人员的工作任务十分繁重,加上案多人少的执法大背景,现勘实践中出勘民警常常单兵作战,既要照相、绘图、记录,又要寻找、提取痕迹物证。与此同时,实地勘查现场仅占整个现勘工作量的三分之一左右,还有三分之二的现场资料后期制作也要等技术人员去完成,如案件现场勘查登记、现场勘查信息系统录入、痕迹物证的保存和检验等工作,都需要大量的精力和时间去完成。在这样的状态下,对出勘民警强调现勘质量实际上是不现实的事。由此可见,合理配置技术人员数量,使出勘民警在现勘中能够进行一定程度的简单分工,就具备了很强的现实意义。例如,可以根据现场痕迹物证的种类对出勘民警进行分工,一部分民警可以专职发现、固定、提取指纹、足迹等痕迹物证;另一部分民警专攻血液、精斑、唾液及人体组织等DNA生物检材;或者一部分民警负责勘查现场,其他人负责现场信息的后期录入;等等。可做分工依据的标准很多,在此不一一列举。这种分工有利于减轻出勘民警工作负担,提高民警取证热情,进而有利于保障现勘取证的客观性及充分性。

再次,实行勘验分离制度,使技术民警分工更明确,专业能力更突出,令刑技民警可以将绝大部分精力放在如何提高现场痕迹物证的发现提取上,切实利用好现场勘查设备在现场多发现提取痕迹物证,工作指向性更明确。特别是一些有条件的地区，可以将现场勘查人员中的刑事照相剥离开来，使勘查人员抛开一些照相、绘图、文字记录等传统意义的技术工作（文职），针对如何发现提取痕迹物证狠下工夫。而在分局一级的技术室就可以专心开展实验室及各大痕迹系统的比对工作。

此外，鉴于现勘绩效考评机制对现勘取证的巨大引导力，应对目前现勘考评中的不合理评价标准作出调整，使出勘民警的取证数量、质量在考评中得到明确的体现，增强出勘民警的取证热情，进而确保现勘取证的客观性及充分性。

八、健全警察机关内部非法证据排除机制

健全警察机关内部非法证据排除机制，首先应从明确相关概念入手，例如何为"刑讯逼供等非法方法""重复自白"，如何界定及其证据能力如何判断，等等。该类概念的界定属于司法解释应该明确的问题，在当前两高解释不一致的情况下，为避免其对警察机关内部排除非法证据产生困扰，警察部可以商请最高检与最高法以联合发布指导意见的形式明确相关概念。其次，警察机关内部非法证据排除如仍为法制部门主管，建议法制部门领导职级高配，以进入同级警察机关党委为佳，或者由警察机关负责人主管，法制部门作为执行机关，以增强主管部门排除非法证据的权威性。此外，非法证据排除的启动应包含主动发现与被动接收两个方面，同时应明确，若如在办案单位无法提供讯问同步录音录像或所提供同步录音录像存在剪接、删改等情形时会导致何种结果，以及如确实存在非法取证情形，对相关办案人员如何惩处。

九、完善民警招录及职后培训制度

强化民警心理素质应始于民警招录,首先修订公安部会同人力资源社会保障部、国家公务员局制定的《关于加强警察机关人民警察招录工作的意见》,将"有条件的地方在招警时,可结合实际开展心理素质测评试点工作,并将测评结果作为辨识考生是否适合从事人民警察职业的重要参考"变更为"警察机关在招警时,应结合实际开展心理素质测评工作,并将测评结果作为辨识考生是否适合从事人民警察职业的重要依据"。

其次,职后培训应将心理素质培养与提高纳入其中,并建立警察身心状况体检制度及成立压力疏导专职部门。现代社会的巨大变革给侦查人员开展工作提出了巨大的挑战。警察民警在工作中常直面各种社会负面现象,繁重而琐碎的工作不但耗费巨大精力,由于频繁加班熬夜,缺乏有效的休息,民警身心长期处于超负荷运作的亚健康状态,这种状态不但无益于民警执法工作的开展,也对民警的家庭生活产生了负面影响,有些甚至造成了极为严重的后果。有鉴于此,建立警察身心状况体检制度,并成立压力疏导专责部门就显得尤为重要。在欧美等发达国家,警察机关设有专门的心理辅导机构,每一名警员都要接受主动或者被动的心理辅导。我国目前尚无类似的专业机构,对警察的心理问题重视程度远不及西方国家。此外,职后培训还应强调民警执法技术的提升,应组织民警进行相关执法技术方面的专门培训和实战训练,以提高民警在复杂执法情境中的应对能力。

十、调整侦查学专业教学理念及内容,以适应"审判中心主义"诉讼制度改革需要

(一)重构教学理念,侦破思维与取证意识并重

"以审判为中心"对于侦查学专业课程教学的首要影响在于教学理念方面。传统侦查学专业课程教学主要侧重侦查破案思维的养成,实际是"侦查中心主义"在理论教学中的反映,这导致培养的学生侦查破案思维突出但取证固证意识差,宏观思维能力强但微观取证能力差。"以审判为中心"要求侦查学专业课程教学转变视角,将侦查行为置于实质化庭审的检验下。同时,证据作为侦查和审判联系的纽带,作为审判的基本依据,其核心地位更为凸显。简而言之,侦查破案思维是解决侦查破案问题的钥匙,而取证思维是实现证据定案的关键,在侦查学专业课程教学中,需将侦查破案思维和取证意识的培养放在同等重要的位置。

首先,在教学中培养学生树立侦查为审判服务、对审判负责的基本意识,克服单一的侦查思维,强化学生的取证意识。在"以审判为中心"要求下,侦查工作收集的证据材料并非当然具有证据能力,必须经过过庭审实质化的检验。一方面,教师在教学上需弱化"侦查中心主义"的影响,改变学生潜在的"正义仲裁者"的角色定位,理性认识侦查机关的有限职能。另一方面,教师在教学中要引导学生转变视角,培养学生的"证明"思维,培养学生树立证据定案的基本意识,学会从审判的角度分析和评价侦查行为,熟悉审判所依据的证明标准,自觉将审判作为衡量和检验侦查行为的尺度。

其次,在培养学生取证意识的同时需注重提高学生的取证能力。一方面,在教学中注重单个侦查行为的取证规范化

训练,将每一个具体侦查行为与证据和待证事实紧密联系起来,将每一个具体侦查行为置于现代证据规则的检验下,培养学生规范化取证的能力。另一方面,在教学中注重培养学生从整体上构建证据体系,并将其分解为具体侦查行为的能力,提高学生全面取证的能力。

(二)优化教学内容,实现侦查理论与侦查经验的平衡

"以审判为中心"要求侦查面向审判、服务于审判,一方面对提高侦查质量提出了要求,另一方面对发挥侦查主观能动性也提出了要求。传统侦查学专业教学以传授侦查经验为主,虽然简单快捷,但易对学生形成经验的桎梏。以侦查经验教学为主熏陶出来的学生难以适应复杂多变的现实侦查环境,难以实施主动、准确、精密式的侦查去面向审判、服务审判。因此,新形势下侦查学专业课程教学应当加强侦查理论的教学,发挥理论教学在提高学生理论基础,扩展学生视野方面的作用,在教学内容上逐步调整侦查理论与侦查经验的比例,实训侦查理论与侦查经验的平衡。

首先,加强侦查理论的教学。一方面,加强侦查学自身基础理论的挖掘,提高侦查学学科的科学性与系统性。我国侦查学学科建设尽管起步较晚,不够完善与成熟,但已大体形成了自身的理论基础。侦查学自身基础理论薄弱,难以指导实践的现状的形成有着多方面的原因,比如研究难度大、缺乏科学研究方法、研究环境封闭等,但这并不能证明侦查学缺乏研究价值,反而说明侦查学具有广阔的研究空间。其次,注重吸收侦查学相关交叉学科的理论研究成果。不论是人文学科或自然学科,只要是能够促进侦查学发展的先进成

果，都可将其扩充到侦查学专业课程教学内容中。

其次，注重对侦查经验的更新和提炼。侦查经验作为侦查人员长期实践的经验总结，对解决实践问题具有十分重要的价值，但同时也具有滞后性和缺乏普适性的缺点。一方面，应当从侦查实践中不断汲取新的侦查经验，紧跟犯罪形势和犯罪手段的发展。另外一方面，应当注重对侦查经验进行提炼，从中发现普遍的规律，将其升华到侦查原理或规律。现代科学技术的发展使侦查机关自身数据化、网络化的水平提高到了新的阶段，也为侦查学研究提供了大数据、人工智能等新的研究手段，这些为侦查经验的提升开辟了条件。

（三）提升实践教学，构建一体化的专业实践教学体系

首先，建立合理的专业实践教学培养目标，不仅从知识和技能，更从素质和能力方面全面培养学生，将知识传授和能力培养放在同等重要的位置。在实践教学目标体系的构建上，注重对学生心理素质、价值理念、创新思维等方面的培养，以适应多变的现实环境和复杂的现实侦查条件。

其次，加强专业实践教学之间的配合与递进，形成一体化的专业实践教学体系。一方面，根据专业实践教学培养目标，推导出学生需具备的知识和能力，再有针对性地对现有专业课程实践环节进行调整和组合，形成层次性和系统性，构建出一个完整的一体化专业实践教学体系。另一方面，针对校内外专业实践教学脱节等具体问题，可以打破传统，鼓励侦查学专业学生到检察院、法院、律所参与见习和实习。无论学生从哪个角度接触刑事案件和侦查，都可以达到实践教学的目标。

第五章　警察法治建设之三：
公众参与警务活动[①]

公域之治呈现这样一种趋势，即从国家管理模式向公共治理模式发展，相应地政府在社会中的角色也经历着从管制模式到治理模式的变迁。1989年世界银行在《世界发展报告中》首次提出"治理危机"概念，"治理"在政治领域便被赋予了重要意义。众多学者对治理含义的寻解，虽各有侧重点，但都不约而同体现这样一种认识，即治理最根本的要义是突破传统行政公私界限截然分明、公权力垄断的局面，实现社会治理的公私合作。其实质是政府和公众通过协商、合作，基于市场原则、公共利益和认同而实现对公共事务管理的合作。

警务面临的一系列问题迫切要求进行警政改革，使警务运行更能满足社会管理、服务的需求，及时回馈社会发展对政府转变职能的要求。结果是突破传统警务活动国家垄断的传统，警务概念不断得到重新定义，从原来只关注国家警务传统寻求突破，进而考虑正在突起的私人部门和该领域的其他机构。[②]结果是以治安承包、私人参与警务、聘用警务辅助

---

① 课题项目：2015年四川省公安厅"公安理论及软科学研究"科研项目"公众参与警务模式研究"（编号：2015SCLL02）课题成果。
② [英]维克菲尔德：《社会发展与警务变革——公共领域的社会化警务》，郭太生等译，中国人民公安大学出版社，2009年版，第3-4页。

人员、发展保安服务业等警务改革在各地进行尝试、兴起，公众参与警务理论构建在警政改革中逐步得到尝试。

第一节 公众参与警务模式的内涵

一、公众参与警务模式概念

对公众参与的概念，也有学者用公共参与、公民参与的说法，但不管从参与的主体定位，还是从参与的内容、过程、方式，公众参与更能体现这一社会治理模式改革的主旨内涵，故得到大家较为统一的认可。公众参与是指政府之外的个人或社会组织通过一系列正式的和非正式的途径直接参与到政府公共决策中，是公众通过直接与政府或其他公共机构互动的方式决定公共事务和参与公共治理的过程。①

20世纪60年代，由于代议制民主的危机，公众参与作为一种新的民主形式出现。1960美国学者阿诺德·考夫曼首次提出"参与式民主"概念，1970年美国学者卡罗尔·佩特曼在其著作《参与和民主理论》对参与式民主理论进行了系统阐述。这种理论主张通过公民对公共事务的共同讨论、协商、决策来参与公共事务。②20世纪八九十年代的西方社会，一方面协商民主理论兴起，其核心思想是公民在平等、理性基础

---

① 李拓等著：《中外公众参与体制比较》，国家行政学院出版社，2010年版，第22-23页；蔡定剑主编：《公众参与：风险社会的制度建设》，法律出版社，2009年版，第5页。
② 蔡定剑主编：《公众参与：风险社会的制度建设》，法律出版社，2009年版，第1-2页。

上协商达成共识、形成公共决策和进行治理。另一方面新公共管理改革运动的出现，主张以市场机制重新调整国家、社会、市场之间的关系，提高公共管理水平及公共服务质量。世界范围内公民参与的运动不断走强，积极、主动的公民参与角色观念逐步确立，公众参与已逐渐成为现代政府治理过程和公共管理者日常工作的一部分。[①]

20世纪90年代，公众参与理论传入中国并在中国兴起。在中国，因市场经济的改革和发展，独立、多元的经济主体日益壮大，伴之的是多元、独立的利益诉求。而旧的"政府万能"公共行政模式已不适应社会治理需求，一方面政府自身在市场化过程中利益化，公器私用情况时有发生。另一方面缺少人权保护思维的传统行政，以及少数人"拍板"的决策方式，其合法性、合理性、科学性日益受到公众的质疑。社会公众力量开始主动、自觉、自愿地为自己的权利而呼吁，强烈要求参与公共事务决策、参与行政执法和对政府的监督过程。

同时，由于得到政治上的认同，公众参与在中国逐步得以发展。中共十六大第一次明确提出"健全民主制度，丰富民主形式，扩大公民有序的政治参与"。在中共十七大进一步指出："坚持国家一切权力属于人民，从各个层次、各个领域扩大公民有序政治参与，最广泛地动员和组织人民依法管理国家事务和社会事务、管理经济和文化事业。"2014年10月23日，中国共产党第十八届中央委员会第四次全体会议通过

[①] [美]约翰·克莱顿·托马斯：《公共决策中的公民参与》，孙柏瑛等译，中国人民大学出版社，2014年版，"译者前言"第1-2。

第五章 警察法治建设之三：公众参与警务活动

的《中共中央关于全面推进依法治国若干重大问题的决定》（以下简称《决定》）重申了宪法的规定，即"必须保证人民在党的领导下，依照法律规定，通过各种途径和形式管理国家事务，管理经济文化事业，管理社会事务"。在立法层面，提出"完善公众参与政府立法机制"，"拓宽公民有序参与立法途径，健全法律法规规章草案公开征求意见和公众意见采纳情况反馈机制，广泛凝聚社会共识"。在社会主义民主政治上，提出加强协商民主制度的建设。在决策机制建设上，把"公众参与"确定为重大行政决策法定程序。

我国公众参与的发展，是在社会转型的时代背景下，在变革社会治理模式的现实需求下，通过自上而下的理论创新和制度创新，以及自下而上的参与自觉和质量提升相互作用而得以推进。这种制度创新反映在警务上，即是坚持以公众为中心开展警务工作，拓展渠道吸引公众参与维护治安和社会管理，警察不再单纯地是打击违法犯罪的形象，也是为公众提供服务的职能部门。

公众参与警务模式，"是指公安机关在制定规章制度、做出决策决定、进行社会管理与公共服务，以及公安执法时，建构与拓展开放的途径与平台，积极引导公众和利害相关人依法、理性地进行双向沟通和协商对话，参与考核评估与执法监督，并做出有效回应，以构建和谐警民关系，实现公安机关与社会公众优质互动的一种新型警务模式"[①]。公众参与警务模式的引入，在于缓解社会转型期警察行政所面临的合

[①] 许韬：《治道变革与公众参与：转型时期中国警务革新的法学审视》，中国政法大学出版社，2012年版，第194页。

法性危机,节省公共资源,预防和消解日益增多的性质纠纷等诸多问题。

二、公众参与警务模式的理论基础

(一)治理与善治

治理又被译为"治道",原意为控制、引导和操纵,一直与"统治"一词交叉使用。直到 1989 年世界银行讨论非洲发展问题时才首次提出"治理危机"概念,从而赋予了其新的理解。治理理论的主要创始人之一罗西瑙认为,治理和统治是不同的概念,"与统治不同,治理指的是一种由共同的目标支持的活动,这些管理活动的主体未必是政府,也无须依靠国家的强制力量来实现"[①]。

治理作为有别于统治的概念,体现了一种开放、动态、多元的社会管理模式,治理强调公和私的尊重、协同与合作,与统治相区别,统治的权威必定是政府,而治理的权威则不限于政府。统治的主体只能是公共机构,而治理的主体既可以是公共机构,也可以是私人机构,还可以是公共机构和私人机构的合作。它被形容为这样一种规则体系:它依赖主体间重要性的程度不亚于对正式颁布的宪法和宪章的依赖。[②]治理理论所提倡的"治理"其最终目的也是为了维护社会秩序,治理过程也同样需要权威和权力,但其实现治理的主体、过程、手段不同于由国家或政府单方面实施的社会管理过程即

[①] 俞可平主编:《治理与善治》,社会科学文献出版社,2000 年版,第 1 页。

[②] [美]詹姆斯·N.罗西瑙:《没有政府的治理》,张胜军等译,江西人民出版社,2001 年版,第 5 页。

统治过程。治理体现了一种由政府、社会组织、公众通过协商、伙伴关系、确立认同和共同目标等方式对公共事务实施管理的过程，是上下互动、依靠合作网络的权威对社会事务管理的过程，不同于政府社会管理过程中单一和自上而下的权力向度，治理过程的权力向度是多元的、相互的。[①]

治理以公民社会（或叫市民社会）为基础，正是公民社会日益壮大促成了治理理论与实践的产生和发展。公民社会作为"第三部门"，在经济和社会中扮演不可或缺的角色，其存在是一国政治民主的基础。而民主化的基本意义之一是政治权力日益从政治国家返还公民社会。国家和公民社会的这种互动关系正是治理理论的基础和内容。首先，治理离不开公民社会，正是成熟公民社会的形成，使公民参与意识、权利意识、义务责任等公民精神得以重塑，同时通过国家保障公民充分享有政治参与权，从而在治理的层面实现合作、互动；其次，治理离不开国家，治理作为国家和市场的补充，并非万能，需要国家提供制度性法律保障，而公民社会内部存在着各种矛盾和冲突，需要国家的干预，在这个意义上，公民社会对国家的需要，正如治理对国家的需要；最后，治理的实现有赖于国家和公民社会的合作，许多的经济、社会问题并不能完全通过国家干预或社会自治得以实现，善治必须建立在国家和公民的相互合作基础上。

当然，治理也并非万能，其不能代替国家合法拥有暴力，也不能代替市场对大多数社会资源进行有效配置，因此决定了治理存在失效的可能性。从而引申出"善治"的理论，善

[①] 俞可平主编：《治理与善治》，社会科学文献出版社，2000年版，第5-6页。

治就是使公共利益最大化的社会管理过程。"善治的本质特征就在于政府与公民对公共生活的合作管理，是政治国家与公民社会的一种新颖关系，是两者的最佳状态。"①善治的基本要素有六个：一是合法性，指的社会秩序和权威被自觉认可和服从的性质和状态。二是透明性，指的是政治信息的公开性。三是责任心，指的是人们应当对自己的行为负责。四是法治，法治是善治的基本要求，公共政治管理的最高准则是法律，任何政府官员和官员都必须依法行事，没有健全的法制，没有对法律的充分尊重，没有建立在法律之上的社会秩序，就没有善治。五是回应，指的是公共管理人员和管理机构必须对公民的要求做出及时的和负责的反应，回应越大，善治的程度就越高。六是有效，主要是指管理的效率，善治排斥无效的或低效的管理活动，善治程度越高，则管理的有效性就越高。②

　　善治实际上是国家权力向社会的回归，善治过程就是还政于民的过程。善治是政府与公民之间积极而有成效的合作，而参与政治管理的权力是决定合作成功与否的关键。要通过善治形成公共权威和公共秩序，则公民必须具有足够的政治权力参与选举、决策、管理和监督。民主政治恰好满足了这种要求，即只有民主政治能保证公民享有充分的自由和平等的政治权力。由此，善治与民主便有机结合了起来。

　　治理理念的普遍推行，对世界警务变革产生了深远影响，

---

① 俞可平主编：《治理与善治》，社会科学文献出版社，2000年版，第8页。
② 俞可平主编：《治理与善治》，社会科学文献出版社，2000年版，第8-11页。

第五章 警察法治建设之三：公众参与警务活动

警察职能社会化便是世界警务改革的一种趋势。正是治理理论为警务活动社会化提供了有效的分析框架和理论预设。警务活动社会化即是治理理论关于国家与市民社会关系在警务实践中的现实关照。[①]与过去由警方对社会治安秩序单级管理相反，公众参与警务模式强调警力和公众共同参与警务活动、共同承担警务责任、对社区治安的合作治理，实现对社会秩序的维护。其核心在于警察与公众在发现社区治安问题，解决这些问题上的合作互动。公众参与警务模式不仅仅意味着把社会的力量吸收到实施警务活动的过程中，还意味着警政模式指导理念和思维模式的改变。警务活动社会化强调警方和社会组织及公众共同参与警务活动，通过警察与公众对社区生活的合作管理，实现社会安宁，增进社会治安秩序，是警察与市民社会的一种新颖关系，是两者的和谐状态，也是警察这一公权力通过与公众的良好合作逐渐实现向社会的回归。治理理论对警察权只能由国家垄断的传统理念提出了挑战，"没有任何逻辑理由证明公共服务必须由政府机构来提供"，"除了属于国家警察权范畴的强制措施和执法活动外，警察的管理、保护、救助、服务等职能可以由社会其他组织来履行"[②]。而在社会治安的维护方面，并非只能由警察全面承担，除了公共部分的治安才应由警察实施管理，而在非公共领域，如私人和单位、组织的内部，应由他们自己管理或者承担管理的法律与经济责任。

治理理论推动了警察权向社会回归的警务活动模式改

[①] 马占伟：《从治理理论看我国警察权的走向》，《江西公安专科学校学报》，2006年第3期。

[②] 侯士田、陈永康：《现代警务指挥》，研究出版社，2007年版，第22页。

革,亦是突破警察权由国家专属、垄断的传统警务理念,从而在各领域开拓市民与警察的合作,不再是将实现公共秩序的目标全部交付给警察,而是社会组织、公民积极参与,与警察共同担负起公共性的责任。从而充分调动社会和民众的力量,实现多方治理主体的有效合作和良性互动,弥补警察在发挥相关社会职能过程中的警力不足和职能泛化的短板,同时也对警察权的重新配置提出了不同的思路,即允许社会组织、私人主体参与社会管理,分担部分警察职能,分享部分警察权力。

(二)公共选择理论

公共选择(public choice)被定义为"对非市场决策的经济学研究"。该理论由美国经济学家布坎南创立,用经济学的方法来研究广泛的非市场决策的政治问题。该理论将公民看作是公共物品和服务的"消费者",在政治市场和经济市场中都是"理性经济人",是效用最大化的追逐者。国家的决策过程被看成类似市场的、由公共物品的供求双方相互决定的过程。在这过程中,当公民对其所要求的服务内容、质量、数量希望以利益最大化结果获取时,便产生了公共选择。同时,政府有可能因为追求自身利益最大化而致政府变异,如权力寻租,认为"没有任何逻辑理由证明公共服务必须由政府官僚机构来提供"。既然政府自身存在重重问题改革又收效甚微,最好的出路是打破政府的垄断地位,引入竞争机制,将政府的一些职能释放给市场和社会,让政府将其不应该做的和做不好的事交给市场来完成,充分运用市场机制给予更多个人选择,公共服务市场化便成了较佳途径。按照公共选择理论，警察部门也不例外，会追逐自己的利益。但在警务工作由政府垄断情形下，警察部门通过政治行动而不是市场竞争来实现其利益或目标。因缺少外部的竞争，警察部门缺乏提升警务服务水平的动力，而官僚们则优先考虑的是获取更多的经费、谋求更大的权力、谋求更高的职位等，结果是警务服务供给与社会需求之间脱节，公民享受公共秩序和公共安全所付出的公共财政负担被迫增加，引发了民众对警察部门的不满。警察部门面临的这些困境和挑战，社会秩序商业型供给模式提供了一条可选择的解决途径。因此，引入竞争机制，重组政府与市场的关系，将警察工作的一部分进行承包，便成为警察服务职能走出低效率、高成本提供模式的有效的选择方式。

（三）新公共服务理论

新公共服务理论最早是由美国亚利桑那州立大学的登哈特夫妇提出来的，是在对传统公共行政，尤其是新公共管理进行反思和批判的基础上提出来的新的政府管理理念。新公共服务理论以民主、公民权、社区和公民社会、组织人本主义和后现代公共行政理论为基础，更加关注民主价值和公共利益、更加适合现代公民社会发展和公共管理实践需要。这一理论主要包括以下几个内容：

第一，政府的职能是服务，而非"掌舵"。对政府来说，实现社会管理的目标越来越重要的是利用基于价值的共同领导来帮助公民明确表达和满足他们的共同利益，而不是试图控制或掌控社会新的发展方向。在新公共服务中，人们明确地承认公共行政官员不是其机构和项目的企业主人。因此，公共行政官员的角色是公共资源的管家、公共组织的保护者、公民权和民主对话的促进者以及社区参与的催化剂，并以此实现对公民的服务。[①]所以，新公共服务理论是要复归行政机构的"公共"性质，强调和主张公共行政应围绕于以服务公民为中心，政府官员在其管理公共组织与执行公共政策时，应该致力于承担为公共服务的职责，同时向公民放权。随着公众意识的觉醒，政府与公众之间的控制关系渐趋衰微，取而代之的是新的服务关系，公众从传统的行政被管理者转变为接受服务的主人，与此对应，政府则成为行政服务的提供者，在此基础上，政府的工作重心是"划桨"，而不是"掌舵"。[②]

第二，追求公共利益。公共行政官员必须建立一种集体的、共同的公共利益观念。这个目标不是要找到由个人选择驱动的快速解决问题的方案，而是要创立共同的利益和共同的责任。新公共服务的核心原则之一就是重新肯定公共利益在政府服务中的中心地位。政府帮助公民确切地表达公共利益是极为重要的工作内容，共同的价值和集体的公民利益是指导政府和行政官员的决策和行为的出发点，政府应最大程度上尊重和体现公民的公共利益，这也体现了政府对公共利益明确界定后确立的以公民为中心的基本责任理念。

第三，战略性的思考和民主性的行动。满足公共需要的政策和项目可以通过集体努力和合作过程得到最有效并且最负责的实施，即是要把行政愿景的确立和执行过程通过政府

---

① [美]珍妮特·V.登哈特，罗伯特·B.登哈特：《新公共服务：服务，而不是掌舵》，中国人民大学出版社，2004年版，第148页。

② 许韬：《治道变革与公众参与：转型时期中国警务革新的法学审视》，中国政法大学出版社，2012年版，第71页。

和公民的联合得以实现,激发公民参与的自豪感和公民责任感。这要求政策的制定和执行要考虑周全和长远,并且在这个过程中,政府要关注公民参与,让公民和政府行政人员共同承担责任,共同达到最有效的实施。而公众通过自己努力与能力而参与制定政策,并能得到更加自觉的遵守,为自己的参与行为负责,这间接地增加了政府治理社会的效率,体现了政府治理社会的战略性和民主性。

第四,艰难的责任承担。公共服务中的责任问题极为复杂,政府不仅要关注市场,还要关注法令和宪法、社区价值观、政治规范、职业标准以及公民利益。基于此,政府及其行政官员对一批制度和标准都负有责任,这些制度和标准包括了一系列复杂宽泛的内容:公共利益、成文法律和宪法、其他机构、其他层级的政府、媒体、职业标准、社区价值观和标准、情境因素、民主规范,当然地还包括公民。[①]新公共服务既承认责任在民主治理中的中心地位,又承认行政责任的现实。公共部门的责任基于"公共行政官员即便是在涉及复杂价值判断和重叠规范的情况下也能够并且应该为了公共利益而为公民服务"。在这样的情形下,即使面临复杂的评判,也可以通过基于组织内部的对话、公民授权和基础广泛的公民参与得到解决。新公共服务承认,"做公务员是一项社会需要的、富有挑战性的,并且有时是英勇的事业,它意味着要对他人负责,要坚持法律、坚持道德、坚持正义以及坚持责任"[②]。

第五,突出对人的重视,而不只是重视生产率。新公共

---

① [美]珍妮特·V. 登哈特,罗伯特·B. 登哈特:《新公共服务:服务,而不是掌舵》,中国人民大学出版社,2004年版,第114页。
② [美]珍妮特·V. 登哈特,罗伯特·B. 登哈特:《新公共服务:服务,而不是掌舵》,中国人民大学出版社,2004年版,第133页。

服务在探讨管理和组织时强调的是通过人进行管理的重要性。认为公共组织及其所参与其中的网络如果是基于对所有人的尊重而通过合作和共同领导来运作的话，从长远考虑，更有可能取得成功。在新公共服务中，诸如公正、公平、回应性、尊重、授权和承诺等这样的理想常常超过了那种把效率作为政府工作唯一标准的价值观，尊严、信任、归属感、关心他人、服务，以及基于共同理想和公共利益的公民意识等这些人类行为的要素内容处于核心地位。事实表明，尽管质量管理和参与决策对于雇员的绩效都具有积极的影响，但是参与决策的影响则要大得多。从新公共服务的观点而言，参与和包容的方法是建立公民意识、责任意识和信任的最好方法，而且，这些内容可以提升公共利益中服务的价值。

第六，重视公民权胜过重视企业家精神。新公共服务理论强调和重视公民对行政过程的参与和对行政行为的监督，设计出种种公民参与的可能途径，如允许公民进入政策制定与执行过程、强调公民调查、主张公民听证等。这一理念基于"致力于为社会做出有益贡献的公务员和公民要比具有企业家精神的管理者能够更好地促进公共利益，因为后一种管理者的行为似乎表明公共资金就是他们自己的财产"[①]。所以，与对官僚专长或者管理者企业家精神的依赖相比较，新公共服务认为应该极大地增强公民在这一过程中各个方面的参与能力。行政行为不仅仅关注效率问题，还关注公民的公共精神和价值观以及利益，注重行政活动的人本目标的实现。

---

① [美]珍妮特·V. 登哈特，罗伯特·B. 登哈特：《新公共服务：服务，而不是掌舵》，中国人民大学出版社，2004年版，第80页。

第二节 公众参与警务模式的法理基础

一、宪法基础

宪法是国家的根本法，是一切国家机关、社会团体及公民个人的最高行为准则，一切决策及其配套的制度设计必须符合宪法及宪法原则的要求。但宪法条文以抽象性和简洁文字规定的特征，决定了宪法无法巨细无遗地对政府行为进行全面规范。因此判断一个制度是否违宪，除可通过宪法直接明文允许或禁止理解外，更需观察宪法默示内化的宪法机制。①

（一）宪法指导思想的发展与社会治理模式的变化

正如有学者所言，人类在不断地为共同生活制定规则。尤其近代，人类以国家为单位走过的每个历史阶段，所经历的艰难困苦里程，都是通过宪法来制定为克服困难所需要的新规则。每经历一段苦难深重的生活，都要通过宪法来确定为消除苦难所需要的新的政治及社会的基本形态，从而进入新的历史阶段。②宪法作为国家的根本大法，为社会治理提供基础，并通过宪法规范不断调整社会治理的方式。中华人民共和国成立以来，先后历经四部宪法，1982年12月4日，第五届全国人民代表大会第五次会议通过了现行宪法，即82宪法。82宪法奠定了国家治理的正当性基础。改革开放30多年

---

① 章志远：《私人参与警察任务执行的法理基础》，《法学研究》，2011年第6期。
② [日]杉原泰雄：《宪法的历史——比较宪法学新论》，吕昶，渠涛译，社会科学文献出版社，2000年版，第1页。

中国"依法治国""依宪治国"的社会治理模式转型通过 82 宪法得以实现。

宪法通过修宪及时地丰富和发展指导思想体系，将执政党的基本路线与宪法规范相结合，82 宪法分别于 1988 年、1993 年、1999 年和 2004 年进行了四次修改，使民主政治制度建设和治国理念得以修正、发展。1993 年的修宪增加规定"中国共产党领导的多党合作和政治协商制度将长期存在和发展"，稳固了协商民主制度。1999 年修宪规定"中华人民共和国实行依法治国，建设社会主义法治国家"，确立了依法治国的指导思想。宪法指导思想的不断发展和丰富，体现了宪法自身的发展及其与社会的发展互动关系，通过宪法指导思想对社会治理体系产生重要影响。

我国宪法并未对公众参与警务工作有具体的规定，但透过宪法指导思想、"总纲"及其他基本政策条款的规定，宪法对警察任务的分配、运行模式有宣示性规定，对警察职能的实现通过宪法的宏观控制，以宪法确定的基本原则实现。《宪法》第二条规定："人民依照法律规定，通过各种途径和形式，管理国家事务，管理经济和文化事业，管理社会事务。"第二十七条规定："一切国家机关和国家工作人员必须依靠人民的支持，经常保持同人民的密切联系，倾听人民的意见和建议，接受人民的监督，努力为人民服务。"可见，公众参与警务工作的大门并未紧闭。

（二）人民主权原则

人民主权原则，或者说民主原则，其基本内涵是主权属于人民，国家的权力来自人民，国家权力的行使应有民主正

第五章 警察法治建设之三：公众参与警务活动

当性基础。宪政民主国家强调公共管理应通过行政权力的运行使体现在宪法之中的公共权力意志得以实现。对此，世界民主政治制度国家不约而同地将公众参与作为一种回应。各国不同程度地把公民参与管理国家和社会事务的权利写在各自的宪法中，并促成公众能够参与公共决策和配套制度的制定过程，并参与到决策、制度的实施和执行过程。我国《宪法》直接宣示了这一原则，其第一条第一款规定："中华人民共和国是工人阶级领导的、以工农联盟为基础的人民民主专政的社会主义国家。"第二条第一款规定："中华人民共和国的一切权力属于人民。"同时规定了人民主权的具体实现形式与途径，第二条第二、三款规定："人民行使国家权力的机关是全国人民代表大会和地方各级人民代表大会。""人民依照法律规定，通过各种途径和形式，管理国家事务，管理经济和文化事业，管理社会事务。"

对于公众参与警务活动，即使如警察武力强制、公共安全这些传统理论认为属于"国家保留"的事务，并非绝对不能由私人执行。在"合作性的法治国家"，私人在接受国家规范约束、受行政机构指挥监督，且不丧失警察的担保责任的情况下，与警察合作可以实施这些国家事务[①]。在我国现有的公众参与警务模式中，如治安承包、辅助警务人员、治保巡逻队等形式，都受国家法律约束，并接受警察机关指挥、领导，在实践中辅助警务人员、治保巡逻队参与公共行政产生的责任由政府、警察机关作为担保，故其行为归根结底体现人民意志，具有民主正当性。

---

① [日]米丸恒治：《私人行政——法的统制的比较研究》，中国人民大学出版社，2010年版，第172页。

(三)法治国原则

法治国家之要义在于国家权力应受约束和限制,以保障人权。"法治意味着只有通过人民的授权或同意权力才具有合法性,即'权力民授'的合法性。""权力的合宪的合法性是民主的表达方式,也是法治价值的中心命题。"[①]我国《宪法》第五条关于"实行依法治国,建设社会主义法治国家"的规定,揭示了法治的前述内涵。

公众参与警务模式的行政合法性在于"依法行政"的要求,"法律优先""法律保留"构成了其重要的两项原则。公众参与警务模式只要符合这两项原则,就不存在违反法治国原则的问题。公众参与警察行政活动的发展是,即使在权力性行政最典型、侵害公民基本权利危险性最高的领域,在实务中是通过民间力量各种形式的参与,以补充警察行政无法全面覆盖的缺陷。在法的根据方面的主张和立法例则是严格遵守法治国治理原则,对委任私人的行政权限予以严格限制,并在法律上将其明确化,同时覆盖于国家监督之下。[②]

法治原则对公共行政的私人参与,聚焦点在于要求私人参与有法律的授权,并以法律规定的条件程序为之。目前我国公众参与警务活动,更多的是限制在服务性、辅助性、协助性领域,并无侵犯法治国原则之虞。笔者认为法治原则并不绝对地排斥公众参与警察活动,突破传统的"国家—个人"的直接关系,依据宪法宽容、自主理念调整、建立"国家—

---

① 王人博:《法治论》,广西师范大学出版社,2014年版,第125-127页。
② 日米丸恒治:《私人行政——法的统制的比较研究》,中国人民大学出版社,2010年版,第175页。

社会—个人"的三维关系,突出社会、个体的功能,扩大社会自治、公民自治的空间和方式①,是能解决好公众参与警务模式的法治原则问题的。

(四)宪法修改——公众参与的制度设置空间

宪法虽要保持稳定性,但不是说宪法就是静止的,否则就无法适应急剧变化转型的社会实际需要。宪法原理在历史及社会中具有相对性,宪法伴随着时代的推移而变化。"当被引进宪法的原理、原则及被具体化了的规则不符合时代要求时,宪法也会动摇,宪法政治也会难以发挥作用。"宪法的基本形态会随着经济和国民的生活形态的历史演进而发生改变②。因此为了使宪法的规定更符合社会实际的发展和变化,以及弥补宪法规范在实施过程中出现的漏洞③,就必须对宪法进行修改,以适应社会治理的需要,这也恰好为公众参与行政任务通过修改宪法赋予正当性得以可能。

二、公众参与警务模式的行政法基础

公众参与的意义,源于传统行政法的"合法性困境"。行政法的传统模式将行政机关视为一个纯粹的传送带,行政官员对私人自由的侵入,其合法性或正当性在于受命于一个合法的权力来源——立法机关。因此,行政机关通过严格执行立

---

① 韩大元:《宪法实施与中国社会治理模式的转型》,《中国法学》,2012年第4期。
② [日]杉原泰雄《宪法的历史——比较宪法学新论》,吕昶,渠涛译. 社会科学文献出版社,2000年版,第10-13页。
③ 林来梵:《宪法学讲义》,法律出版社,2015年版,第115-117页。

法机关的意志，就能够获得公权力行使的合法性输送。行政法的传统模式力图通过解释一个政府机构行使权力受到另一个政府机构的制约，即行政权力的行使受到司法制约来使其符合立法指令①。

但制定法的含糊、概括和模棱两可引发了行政自由裁量权，并由此引起了行政法以"传送带理论"为依据的行政行为合法性危机。为解决这一危机，传统行政法产生了"专家理性"模式，在不涉及价值选择的领域，试图通过行政系统及其官员的工具理性而促进合法性②。然而，在自由裁量权广泛存在的背景下，对行政过程所涉及的"事实问题"和"价值问题"，行使自由裁量权的官员并不能进行有效的区分。由此，身负事实判断之责的官员将不得不考虑各种不同利益的平衡，从而进入价值考量——表明行政过程本质是一种利益竞争的过程，说到底，是政治过程。至此，传统行政法的合法化路径均告失灵，"合法性困境"成为管制者不得不面对的问题。③

为解决传统行政法模式所面临的合法性危机，一些替代方案出现了，如放松管制、重申禁止授权立法、自由裁量规则化、用资源配置效率作为衡量行政决定的一个实体标准等。但是如斯图尔特教授所言，上述替代方案"没有一个是几近完美的方案，而且它们在很大程度上是相互矛盾的"④。

---

① [美]理查德·B.斯图尔特：《美国行政法的重构》，沈岿译，商务艺术馆，2002年版，第10-11页。
② 王锡锌主编《公众参与和中国新公共运动的兴起》，中国法制出版社，2008年，第9-10页。
③ 王锡锌：《公众参与和行政过程——一个理念和制度分析的框架》，中国民主法制出版社，2007年版，第24-25页。
④ [美]理查德·B.斯图尔特：《美国行政法的重构》，沈岿译，商务艺术馆，2002年版，第29-30页。

第五章 警察法治建设之三：公众参与警务活动

因此，需要一种新的理论和制度框架来重构行政法的模式。这种选择就是将行政过程视为一种"政治过程"，通过向这一过程注入更多的"民主化要素"，而使行政过程及其结果获得合法性。这一逻辑基于政治多元主义的基本信念：当所有利益都得到考虑时，正义也就随之产生。在美国，行政法上采取的变革被称作"利益代表模式"，但这一理论将法院作为一个核心的制度过程，却违背了多元主义合法性理论的基本原理。在现代社会的行政过程中，不论是行政决定还是政策制定过程，在本质上都充满了利益竞争和协调。①这一过程以及通过其而产生的决定和政策的合法性，在很大程度上需要依靠通过公众参与而体现的利益代表和利益平衡，由此，提出了"公众参与模式"，通过多元利益主体的表达、交涉和协商，实现行政过程的"自我合法化"。可见，公众参与是传统行政法走出"合法性困境"的必由之路。当代中国的行政体制改革，正是在寻求合法性来源、拓展民主合法性、解决传统行政法"合法性危机"的过程中，公众参与逐步进入高层视野的中心地带，引发了自上而下的、对公众参与的强烈需求。②

而在现代社会，随着经济和科技的迅速发展，民主、人权和法治的发展，国家阶级镇压的职能逐渐弱化，而社会管理职能则不断增强。国家权力更大程度上是为社会、国民服务，是作为社会谋幸福的工具。随之而来的是国家与社会一

---

① 王锡锌：《公众参与和行政过程——一个理念和制度分析的框架》，中国民主法制出版社，2007年版，第40-41页。
② 王锡锌主编：《公众参与和中国新公共运动的兴起》，中国法制出版社，2008年版，第10-11页。

体化的局面逐渐被打破,与国家相对分离的民间社会和社会利益群体多元化格局逐渐形成,政府权力与能力已经无法承载人民日益增长的经济与文化多样化的需要,以及参与政治、行政过程和社会管理的权利要求。从而加剧了社会矛盾和不安,政府自身又不能及时回应社会需求,从而迫使政府通过委托或授权,转让部分权力由社会公众行使,开始了国家权力向社会逐步转移或权力社会化的转变过程。[①]在20世纪后期,"第三波"民主化潮流在世界范围内蓬勃兴起,并且加深了对行政领域的渗透。与此同时,公民对行政参与的诉求日渐增强,以合理性为基本元素的实质合法性逐渐被吸纳到现代行政正当性评价指标体系之中。而从实质上而言,行政的合理性或者实质合法性与行政过程中的民主参与程度密切相关。近30年来,行政民主参与上的不断深化改革,以及在相关立法中所增设的听证、公众参与、民主决策等条款,无疑揭示出中国行政法治建设实质合法性的伦理趋向。[②]

我国面临着行政转型的整体环境中,即"行政理念逐渐从管理向治理转变,政府职能逐渐从全能向有限转变,行政方式逐渐从强制向合作转变,以及政府角色逐渐从管理者向服务者转变"。[③]在此行政转型时代背景下,作为具有高度垄断性和扩张性的行政权,其垄断一切的传统局面被打破。但客观的,"全能型"政府理念下导致政府自身任务过重而不能

[①] 郭道晖:《社会权力与公民社会》,译林出版社,2009年版,第35-36页。
[②] 江国华:《行政转型与行政法学的回应型变迁》,《中国社会科学》,2016年第11期。
[③] 江国华:《行政转型与行政法学的回应型变迁》,《中国社会科学》,2016年第11期。

第五章 警察法治建设之三：公众参与警务活动

及时回应社会需求，也促使政府将一些本不属于其职能范围的事务下放给社会，即实现部分行政权的社会转移，这既减轻了政府的压力，也调动了社会组织和公众参与的积极性，充分利用社会资源实现更好的社会行政任务。行政权的社会化，一般是通过参权，如公民、社会组织委托、授权、还权来实现。行政权因此也从国家垄断向社会回归，行政权多元化和部分地向社会转移的趋势已经出现。

政府与社会关系的重构对警务运行模式产生重要的影响。政府要从多方面改变全面直接管理社会的做法，即全能型政府理念的转变，对社会尤其是经济活动要求更多地实行间接管理。警察权力公共原则要求警察权只能存在于公共领域，以维护公共秩序为必要，严格限制介入私人领域，包括不可侵犯私人生活原则、不可侵犯私人住所原则以及不干涉民事原则。①这要求警务活动要逐渐从传统的活动领域收缩，转而集中于社会公共领域。社会治安涉及社会的各个角落，涉及每一个人，根据警察公共原则，警务活动的范围严格限制在公共部分，而对非公共领域，警察权存在的目的之一就是保护公民的自由与权利，作为警察权来源的公民权利应当得到尊重，与公共利益不相关的公民个人的私生活以及个人活动空间，警察权应当发挥其消极行政作用，不予干涉，警察权的配置、运行应当严格地以法律规定为界限。②如私人和单位、组织的内部，通过公众参与或自治的方式，应由他们

---

① [日]田口守一：《刑事诉讼法》，刘迪等译，法律出版社，2000年版，第37页。
② 廉霄：《我国警察权再配置的法律问题分析》，《辽宁警专学报》，2013年第1期。

自己管理或者承担管理的法律与经济责任。

第三节　公众参与警务模式的具体形式

一、社区警务

第四次改革以兴起于欧美各国的"新警察模式"（或叫"后现代化警务改革""民主式改革"）为标志，向警务社会化趋势发展。这次警务改革以社区警务为主要内容，将改革的重点放到社区，面向公众。对社区警务与公众的关系，19世纪英国国会议员罗伯特·皮尔在其起草的著名的"皮尔警务原则"（Peel's Principles of Policing）中做了详细阐释，"警察在任何时候都应该保持与公众的关系，回归警察是公众和公众是警察的历史传统；警察是付薪水的社会公众成员，其全天候关注每一个市民的社会公共福利。"①

从实践来看，社区警务是世界各国在公共安全服务供给不足，无法满足社会管理需求的一种制度安排。我国从2000年开始推行社区警务，2002年正式提出实施社区警务战略，是我国借鉴国外经验和本土警务实践的结果。社区警务提出了一种全新的警务指导哲学思想，涉及对警察的本质、功能和目标的重新认识，以及对警察、社会、公众间相互关系在基础理论和根本观点上的重新定位。社区警务重视警察应具有"打击犯罪的战士""社会服务员""社会工作者"多重角

---

① [美]皮克（Peak, K.J.）：《社区警务战略与实践》，刘宏斌译，中国人民公安大学出版社，2011年版，第4页。

色作用。同时关注公众在社会公共安全执法服务上的权利义务,有选择和监督的权利,也有积极参与、支持的义务。并且,社会公共安全秩序管理的功能及目标只有在警察与社会、警察与公众的良性互动中才能有效实现。社区警务发展的主旨在于将警务回归社会,通过公众的参与、互动,实现维护社会秩序的目的。这正契合了治理理论融合国家力量和社会力量进行社会治理的精神旨趣。

二、辅警制度

辅警制度来源于英美法系国家,认为社会治安应该由政府和民间共同承担,故"辅助警察"作为警察的助手和后备力量,是警察的一种,只不过是"特殊警察",在执行任务时可行使正式的警察权。大陆法系国家传统普遍认为警察机关应该对社会安全负起全部责任,除警察机关以外的任何社会组织或私人,都不能行使公权力。辅(协)警是对辅助警力人员的笼统称谓,我国公安部的正式法律文件中,并无辅警、协警的提法。但在实践中,从无到有,辅警已日渐成为警察一支重要辅助力量。以成都市为例,辅警已得到大量运用,从归属上分为社会上的辅警和警察内部的辅警,前者如专职治保巡逻队、社区巡逻队、企事业单位内部安保人员等,后者包括警察勤务办助人员、交通协警人员、天网监控人员、办公室文职人员等。辅助警力作为国家在编警力以外的辅助力量,主要是弥补警力的不足而采取的措施,是更多社会力量加入警务的标志,是警务工作与社会资源合作的一种路径选择。

西方的辅助警力的概念和形式各有差异。在美国,辅警概念与私人警察的概念相似,其形式包括民间治安员、校园警察、公园警察以及私人保安等。而在法国,辅助警力主要有两种模式,一种是前身为法国辅助宪兵的辅助警察,实行兵役制。另一种则是不占国家警察编制的行政人员、专业技术人员及其他服务人员,这些人是警察系统利用合同雇员的方式招募来的,在国家警察的机构从事一些行政事务性工作。在英国,辅警包含了私人安全公司、特别警察队、警察承包制以及公民志愿警察等。在所有国家现代化的进程中,犯罪率与经济发展的正相关关系,使警力资源难免捉襟见肘,在不能扩大警力规模的情况下,很多国家都增强辅助警力以缓解不足,各国辅警虽然形式不同但都起到了缓解警力不足和节约行政成本的作用。

比较中西方辅警制度,在地位上,辅警一般不拥有国家公务员的身份;在权限上,辅警不具有直接执法权;在功能上,辅警主要是弥补警力不足,起辅助作用。[①]虽然各国辅警的范围和表现形式不同,但代表了更多社会成员加入警务活动的标志,辅警的使用是警方利用社会资源、积极引导公众参与警务活动的一种路径尝试。

就我国辅警建设来说,由于体制机制等多种因素,我国公安辅警队伍建设和管理存在着人数多、名称不统一、待遇低、素质差、流失率高、队伍不稳定等问题,亟待解决。具体表现在五个方面:一是地位不明确,职责权限不够明晰。各地辅警基本分布于公安机关的一线科所队,主要从事技术、事务和辅助性工作。从法律层面来看,辅警没有执法权、侦

---

① 钟云华:《社会管理创新视野中的我国警察权研究》,四川大学出版社,2013年版,第211页。

第五章 警察法治建设之三：公众参与警务活动

查权等，但却直接协助民警开展行政管理、执法执勤等工作。这缺乏立法依据，没有明确的界定，定位不清、履职范围不明，权限模糊，主体地位不明确。二是人数多，名称、证件等不统一。大量招录辅警已成为各省地方公安机关的普遍做法，对于辅警人员的称谓，各地不一，有的叫辅警、协警，也有的叫协管员和协勤。同时，各地辅警的标识、证件和服装也不统一。三是收入待遇不高。目前，辅警队伍发展迅速，但经费保障来源不一，保障水平普遍偏低。辅警工资采取'一刀切'，没有薪级制度和职级差别，也没有专业技术职称评定。同时，由于经济发展的不平衡，各地辅警人员收入差异较大，存在"同工不同酬"的现象。由于工作难度大、强度高，还有危险性，辅警收入普遍没有优势。辅警人员流动性很强，不利于队伍的稳定，加大了成本。四是素质有待提高。队伍管理上存在着"重使用、轻管理"的现象，培训流于形式，人员素质参差不齐，亟待提升。五是队伍不稳定，流失率高。多数辅警实行劳务派遣制，自身缺乏职业荣誉感，对所在单位缺乏认同感和归属感。由于职业保障和发展空间等因素，辅警人员的流失率较大。

可以说，辅助警力的使用在利用社会警务资源方面提供了另一路径，但在具体的使用中是应该审慎的，因为辅警制度不健全的原因造成的一些负面问题，会产生一些消极作用和影响，使公众将一些辅助警力的不良行为纳入对警察的评判中，从而破坏警民关系。目前各地正在开展各具特色的辅警制度的尝试，如有地方通过成立"协警"支队来协助警察进行社会治安的防范、公共治安秩序的管理，协助警察打击各类违法犯罪活动、及时保护发案现场、通知警察机关以及为公众提供各种救助和服务等，起到了积极的作用。但为避免其负面作用，需要尽快制定专门法律，进一步规范我国辅警队伍的建设和管理，进一步推进公安辅警队伍的职业化、规范化和科学化建设，完善辅警职业保障。

三、治保组织

在公众参与警务模式理念下，治保组织进行重新定义，指的是社会治安自治组织和逐渐市场化的保安公司。社会治安自治组织为非营利性组织，保安公司则以盈利为目的而提高安保服务，如保安公司、物管公司等。两者都是公众参与社会治安秩序维护的重要组成部分，已逐渐成为维护社会秩序的重要力量。

社会自治组织是社会自治的载体，而"社会自治是一种由社会成员自主地管理公共事务的社会制度"，依托于小区、居委会及农村的村委会的各种类型治安自治组织和警务工作密切相关，一直以来是我国警务工作不可缺少的重要力量。它们出于自我保护、自我管理的目标而进行的各种治安巡逻、安全宣传和教育、社区情报信息收集及与警方的交流反馈，正是中国警务工作中"群众路线"的具体反映。在强调警察与社会、警察与公众互动合作的警务活动社会化背景中，要想更好地发挥这些组织的作用必须在制度上进行完善。除了要在警方及相应基层政权、机构的共同引导下，更多地催生各种类型的社会治安自组织外，另外一项更重要的工作是让这些治安自组织真正形成自组织治理网络，在事关社区公共安全管理的决策中，体现它们的意志和反映它们的声音，使

第五章 警察法治建设之三：公众参与警务活动

它们能在警方和公众之间形成沟通、互动的畅通渠道，发挥纽带、桥梁作用。目前我国这类治安自治组织结构和类型较为简单，在城市主要是离退休人员等老人组成的社区治安巡逻小队、邻里守望小组等，活动时间和空间都较为有限，在直接预防、制止违法犯罪能力和震慑力上也显得弱化。在农村则仍然是村组干部和治安积极分子组成的更为松散的治安信息队伍。

保安公司是我国市场经济体制发展的催生物，主要是以提供保安人员及装备服务为内容的市场中介组织。传统行政而言，社会公共安全是政府的职能，由政府垄断，政府利用其掌握的公共资源为社会提供公共产品或服务，以保障社会治安。但是，随着社会的发展，社会事务日渐繁杂多元化，公共安全涉及领域前所未有地得以扩张，而仅靠政府现有的公共资源是不够的，而且也没必要，所以在公共安全产品的提供，既要依靠警察机关等，也要依靠社会的力量。可以说，维护社会公共安全在历史上都是可以作为一种产业来经营，如古代的镖局。在发达国家，维护社会公共安全的保安产业，市场运作程度很强，具有很高的产业价值，经营的范围极为广泛，包括了私人侦探、私人警卫、护运、社区保卫等，在美国，监狱的一些管理工作也承包给保安公司承担。[①]我国保安服务业兴起于 20 世纪 80 年代中期，作为与警务工作相关的行业，是公共安全产品市场化下催生的警事社会化的典型模式，其已从最初的混乱和无序逐渐趋向规范，但其离成熟的市场状态尚有距离。这种不成熟具体表现为：首先，保安

---

① 王鹰：《政府公共警察研究：我国转轨时期公共管理学视野中的警察基本问题》，四川大学出版社，2001 年版，第 129-130 页。

人防市场还不够规范和完善。目前我国提供保安人防服务的公司有三种，一是我国警察机关批准成立的专业保安公司；二是企事业单位自行建立并向公安机关备案的单位内部治安保卫组织；三是相当数量违规建立的既未经警察机关批准，又未在工商部门注册的"黑保安"公司。保安公司以营利为目的，因而在招募人员上为节省成本，对招聘人员的素质要求不高，相关培训投入不够，提供的保安人员的个人素质、专业技能和服务水平都达不到保安职业的基本要求，甚至有的保安出现违法犯罪、暴力伤人现象。所以，对保安公司从立法、管理、培训制度等进行规范就显得尤为重要，从而推动保安服务行业的立法或规章建设，并在力促保安行业协会发展的过程中，逐渐将此行业的管理权交付行业协会，在宏观上引导，而在微观上让其自我管理。促进保安人员的职业化，加强教育和培训。而在教育和培训中，警察机关和警察教育机构无疑要承担更多的责任。要积极引导，使保安公司及其提供的相关服务在警察机关社会治安管理的过程中发挥重大作用。

当然，对社会公共安全行业领域的开拓，也极为重要，比如可以着重从物业安全管理、民用消防、民用护卫、公共安全产品生产与营销等领域进行拓展，交给社会去经营，警察机关则做好引导和管理，充分盘活民间力量，使之对警察维护公共秩序起到重要的弥补作用，减轻警察负担，提高警务效率。

四、治安承包

我国治安承包的实践于20世纪80年代在农村地区兴起，

各地具体做法各不相同，但都在于将警察部门承担的治安防范任务和部分治安管理任务有偿承包给个人或某一组织，即通过签订合同形式让渡部分警察行政权由私人主体行使。我国治安承包深受西方警察私有化理念影响，又深得我国"土地承包责任制"的启发，是在我国本土资源中产生的一种警务参与模式，警力不足是警察私有化与治安承包的共同之处。此外，我国社会治安综合治理体制的要求、公共服务市场化的影响、多元化公共秩序需求与单一性供给模式的矛盾等也是其催生因素。迄今，治安承包在我国已经推行了近三十年，在实践中各地具体做法迥异，在行政法上的合法性仍是最大疑问，公众与专家对其评价仍褒贬不一。

五、警务志愿者

警务志愿者是对出于公益目的，自愿、无偿参与社会治安秩序维护、参与违法犯罪防控、警务服务等警察任务的个人和组织的总称。志愿者可基于自助心理或社会责任意识，以纯粹的私法主体身份参与相应的警务活动，如治安积极分子。在成都的一些社区或者小区，一些群众或者小区业主自发组成社区治安巡逻队、小区护院队，在社区义务开展巡逻，或在小区内自发组织开展看护防范活动。在成都城区一些商业集中的街区，针对一段时期内治安形势严峻的情况，商家们自愿抽调内部保安人员组成义务巡逻队，在街区开展巡逻、防范工作，实现治安自助、防护。这些志愿者主动参与警务活动，在一定程度上减轻了政府本应承担的警察任务。警务志愿者的出现，表明市民社会的发育和日趋成熟，社会成员公民意识、责任意识和参与精神的觉醒，同时也是社会资源进入警务领域,公众积极主导、自决安全事务的表现。志愿者自愿参与执行各种警务活动逐步得到社会的认可、接受,但在容纳、激发志愿者参与警务活动积极性的同时,政府面临的任务是:需要通过立法、制度建构,对志愿者身份进行界定,对服务行为进行规范和引导。

第四节 公众参与警务活动的意义

一、公众参与警务增强警察的合法性和有效性

公众参与警务模式是警察权力由国家垄断向社会的回归、体现出权力与权利和谐的趋势,是对警察权力和公民权利平衡协调的努力。其要旨在于将公权机构警察机关的专业化警务活动和社会公众对维护秩序的积极性结合起来,弥补警力的诸多不足,实现对社会安定秩序共同利益的追求。这正是从国家与社会的力量增进公共利益的旨趣。以法律和合作为基础的公众参与警务模式在寻求警察与社会组织及公众的互动合作、实现公共安全管理改善的同时,也在实践中促进了警民的合作,实现警察权与公民权的和谐。警察权的正当性源于公民权利的让渡,公众参与警务活动是公民权利行使的结果,正是在这个基础上,警察得到公众的支持。一种制度的合法性来自于制度对象的认同、支持,甚至信仰。公众参与警务活动,正是通过向警务过程注入更多的"民主化要素",使各方利益得到公平的代表,使各种利益诉求得以充分的表达,增进了警察与公民之间的相互了解和信任,消除

了两者的疏离感，从而得到公众的支持，以民主形式实现警务活动的合法性。同时公众的参与有效分解了部分警察任务，使警察负荷得以减轻，并因此而使警务从繁琐的日常警务活动中脱离开来，大大提升了效率。

二、有利于保护公民的合法权益，实现社会公平正义

公众参与警务活动，为社会公众和警察机关正面交涉提供了平台。公众可以在参与过程中与警察机关协商，主张权益，提出建议，提供决策帮助。正是通过公众参与警务活动，从而实现了对个人和组织的合法权益进行保护的有效制度设计。自从人类社会产生公正与不公正的社会问题以来，正义一直被视为人类社会的美德和崇高理想。现代警察制度的发展，包含了体现正义、伸张正义、维护正义的价值追求。维护社会秩序是警察的一项重要的基本职能，而实现社会正义则是警察更为重要的目的。而这一目标又在警察制度设计上通过实质正义与程序正义的统一来体现。从警察法到警察制度，其中蕴涵着实质正义的内容，在警察法中，把国家、社会、公民的权利的维护作为一种目标来追求，这体现了警察法的结果正义。警察在治安行政管理和刑事侦查的职能活动，作为行政执法和刑事诉讼活动的首要环节，在维护和实现正义具有极为重要的作用。因此，公民都有权利了解警察行政的各个方面，从警察制度设立的理念，到警察权力的范围，再到警察的执法过程，人民公众都有权对警察行政的各个程序给予监督。而公众参与最重要的特征就是把社会利益融入

警务活动的过程,通过公众的民主参与来实现对社会所有成员的保护,实现社会公平正义。

三、有利于提升警务效率

公众参与警务是公众权利自主的呼声,同时也迎合了警察法治建设,完善了警察职能,规范了警察执法的需求。在社会事务日渐复杂的今天,"警察万能"的传统警务观念已经无法承载过多的社会事务,非但未能实现警察职能发挥的目的,反而使警力大量浪费在非职责范围内的事务,一方面是对职责法定的法治原则的违背,另一方面大大降低了警务效能,公众对警务满意度不高,增加了公众对警务活动的质疑和不信任。通过公众参与,大量非执法类的警务活动可以交由社会行使,比如为车辆上牌照、车辆年检等工作内容;同时厘清警察执法与服务间的界限,准确界定警务服务的内容,使警务活动的展开围绕维护社会秩序法定的、必要的职责展开,从而盘活现有警务资源;通过吸纳公众参与警务模式警政的改革,适应社会发展对警察体制和运行机制改革的方向性需求,有效提高警察工作的效益和效率。

四、促进警察执法规范化

随着社会经济、政治制度的深入发展和改革,社会治安状况的变化,警察权和警察职能将会不断调整。警察职能是动态变化的,不同时期或者不同的职能发展需求,都会对警察执法规范化提出不同的要求。在社会管理与维护秩序职能方面的收缩,要求以执法规范化尽量约束警察在社会管理与维护秩序方面不必要的参与，从而节制警察权大对社会干预。预防与打击犯罪职能的扩张，又要求执法规范么更突出对警察权力的支持与监督，既要在面对紧急情况时提供大胆行动的规范，又要在事后有效监督和审查。同时，由于警察权自身存在的扩张、膨胀冲动，必须对其予以限制。克服"警察万能"的理念，通过警政改革，将警察执法回到规范化道路上来，而公众参与正是回应这种警政改革的需求，一方面通过公众参与，加强与公众的沟通协商，使其对警务活动进行监督。另一方面，通过公众参与权的行使，使警务决策、过程在民主化的道路上进行，从而使警务决策更加民主化、科学化，防止警力的滥用或警察权的肆意扩张，促进了警察执法规范化。

第五节　公众参与警务模式的立法完善

公众参与警务活动在当前更多地是以实践摸索的一种方式呈碎片化存在，未形成统一、规范的制度体系，其发展仍面临着困境，一是缺少法律保障，二是缺少制度基础。在法治国家，公众参与机制的建立和运作，只能依法进行，这是建设法治国家的本质要求。由于公众参与依赖于众多的行动者共同组成的合作关系网权威，必然需要通过法律来界定参与主体的双力界限及合作方式，理顺政府与公众的关系，通过规范和监督公权力来保障公众参与的权利。由此，决定了公众参与最终应以规则为定位，公法尤其行政法应是公众参与的合法性来源，依靠公法来建构一个由参与主体、参与范围、参与方式和监督救济机制共同构成的公众参与制度。公众参与警务活动只能是在这种框架下寻找逻辑自治，如何健全和完善公众参与的制度和机制，如何培育公民的民主意识和法治意识，如何促成警察部门和公众的积极合作，未来警务改革面临的这一系列问题，都只能纳入行政法治轨道加以考虑。

未来公众参与警务活动的行政法理论与制度建构，应重点从以下几点展开：

一是界定公众参与主体的范围。目前理论界较为认可的是将利害关系人界定为参与的主体。对于参与警务活动的公众主体而言，若仅限于利害关系人则明显不符合现实需要，应从公共利益和公共理性出发，原则上所有公共关系主体都可成为参与警务活动的主体，需要的是根据警务活动的内容、性质对参与主体进行必要的选择、限制。

二是明确公众参与的范围和方式。在警务活动合作领域，应根据法治原则和法律保留原则，对公众参与进行绝对禁止和相对禁止领域的划分，通过行政授权、行政委托、行政助手、警务志愿者等形式的拓展与应用，廓清公众参与范围、内容的界限，构建多元化的合作法律关系。

三是完善监督与救济制度。为防止警察部门借机转嫁责任，或者消极对待应负之职责，最终避免出现近年频发的以"临时工"为挡箭牌的事件，需要清晰勾勒警察作为担保者和监督者的法律角色，以及警察部门及参与主体的责任界限。同时在行政过程中不可避免会发生侵权的结果，由于这一模式在警察部门、公众、其他主体之间产生多面向法律关系，决定了救济途径选择的复杂性，从而也预示着警察行政救济制度的完善是警察行政法构建内容的一个重点。

第六章 警察法治化建设之四：
完善警察权制约与监督制度

对权力的需求是人的社会性的产物，是对秩序价值的需要，权力是为了维护社会安全与公共福利而设置、运作的。但是国家权力存在的正当性与必要性，并不能保证一切权力活动都是善举。在现代社会中，警察权是维护社会秩序、保障权利和自由必不可少的力量，而作为公权力的警察权，不仅拥有一般行政机关所具有的权力，还有其他机关所没有的权力，如限制人身自由的强制权，使用武器、警械等权力，在权力的强度与广度上都是其他行政机关无法比拟的。对于如此强大的国家权力，一旦缺乏有效的制约，那么权力就会被滥用，严重侵犯公民权利，甚至破坏其所维护的社会秩序。为了防止警察权的滥用，导致对社会秩序、公民权利和自由的侵害，需要对警察权实施控制，即警察权力应是有限的、受控制的。这一命题蕴含着这样的价值判断：一是对于社会和公民来说，警察权是"必要的恶"，警察权力是维护社会秩序和保障公民权益的工具，警察权不得损害社会公共利益，当然更不得侵犯公民权利；二是对于警察权力自身而言，意味着自我限制或道德自律，对于合法授予的权力必须积极、谨慎履行，不可滥用。

法治的要求是：权力得到制约，权利得到保障。在建设法治政府社会背景下，以警察法治的理念来对警察权进行重构，除了对警察权进行科学、合理的配置，还应立足于我国警察权配置、运行的现状和我国政治经济发展的国情，建立一套配套的监督、制约机制，规范警察权的行使。

第一节 警察权控制的基本构架

完善警察权控制机制，必须建立和健全警察权控制的基本结构。这套控制体系的架构，须能相互作用、相互联结，功能互补，共同构成对警察权控制的整体结构，对约束、规范警察权的运行发挥着重要作用。

一、公民控制与国家控制相结合

警察权源于公民权的让渡，当然的公民对警察权享有批评、建议权，或者可以不同形式参与警务工作过程，以自己的民主权利监督、控制警察权。尊重个人权利和社会公共利益，这是政府必须遵守的一种"道德法则"，因而它就成为政府权力有限的"绝对命令"。[①]因此，公民权利成为制约和平衡警察权的一种社会力量，即权利制约权力的思路。这种理论的基石是人民主权论，警察权作为一种国家权力，源于公民对权利的让渡，是人们为更好实现私人权利而自愿付出的代价，是个人实现权利的一种手段，而社会成员主人地位始

---

① 施雪华：《政府权能理论》，浙江人民出版社，1998年版，第158-159页。

终没有放弃。我国宪法所确立的一切权力属于人民原则，决定了公民有权利参与或监督警察权，利用法律对警察权实施反控。

公民个人对警察权实施起到了一定程度的监督、控制作用，但面对警察这个强大的国家暴力机器，个人天然处于弱势地位，对警察权控制的能力、范围有限。于是，公民选举国家权力机关，运用国家政权的力量，通过人民代表机关对警察权进行必要的监督和调控。我国《宪法》规定"中华人民共和国的一切权力属于人民，人民行使权力的机关是全国人民代表大会和地方各级人民代表大会"，人民通过人民代表大会来行使自己当家做主的权力，通过人民代表大会对警察权实施监督制约。

公民个人控制和国家控制是相辅相成的。国家控制具有较大的权威性和威慑性，强化它对警察权合法运行极为重要。而个人控制则弥补国家控制的不足，个人可充分运用享有的民主权利来对警察权实施监督、控制。

二、刚性控制与柔性控制相结合

刚性控制是通过建立健全各项法律制度、工作制度，用强制的手段迫使警察机关在运行权力时严格遵守各种行为规范；柔性控制则是通过思想教育和道德评价，使警察权的行使者在社会舆论的监督、威慑下，自觉地规范、公正用权。

刚性控制依据客观的判断尺度和行为准则来约束、监督人的行为。要充分发挥刚性控制的作用，就必须建立健全严密的法规制度体系。严密的法规制度体系可以使警察机关的职责、权限以及完成任务的具体目标都有明确、可行的规定，可以促使其认真履行职责，切实提高办事效率和工作质量。

柔性控制的主要形式和手段是舆论监督。舆论监督具有广泛的适用范围，其通过深刻的批评和揭露可以直接影响问题的处理，是公民表达不满、行使监督和批评权的重要渠道。而舆论要成为控制警察权的重要手段，就要保证公民和媒体具有充分的言论自由，能够如实反映真实情况。

在刚性控制与柔性控制之间，刚性控制以行为认同为标准，不论警察权行使者的思想认识，行为必须到位，否则就违背了法规制度，就要承担相应的责任，因而具有强制性的特点。柔性控制以思想认同为基础，通过运用各种思想教育和舆论导向的手段，使警察机关和警务人员树立正确运用警察权的意识，认真履职，具有职业道德、伦理引导、劝导的特点。刚性控制与柔性控制尽管作用不同，但两者不可偏废。

三、纵向控制与横向控制相结合

我国警察权设置具有单向性，公安部与地方警察机关间、上下级警察机关间都存在着纵向控制机制。上级警察机关对下级警察机关有实体处理权，如有权撤销下级不适当的命令、指示、决定，享有对下级人事任免建议权、业绩考核权和奖惩权等。而下级警察机关通过积极执行上级命令、决定，发挥着监督上级警察机关的作用。在组织机构上实行自上而下的领导关系，也存在着自下而上的监督关系。

在现代国家，国家机构、政党组织和各类社会团体共存。在国家机构中，有立法机关、司法机关、警察机关等。这些

第六章 警察法治化建设之四：完善警察权制约与监督制度

组织机构地位不同、职能不同，但却有着密切的横向联系。它们之间，既存在着领导与被领导、管理与被管理的关系，也存在着监督与被监督、制约与被制约的关系。在横向控制中，主要有国家立法机关、司法机关对行政权的控制以及政党对行政权的控制。在横向上国家机关对警察权的控制，主要表现为立法机关、司法机关对警察权的控制。立法机关通过立法严格划分了警察权的范围，并在内部进行适当地分权和制衡来制约警察权。同时还通过检察院、法院对警察权进行司法审查和制约，在当代，司法可谓制约警察权的最有力手段。

在我国家权力纵向、横向的分配体系中，因警察组织机构的双重管理特性，使其权力处于一个复杂的权力体系中，极易造成权力的扩张和滥用，从而更需要在纵向、横向上完善监督、控制机制的建构和协调。这样既能在纵向上实行自我约束、自我监控，也能在横向上受到立法机关、司法机关以及其他社会组织的监督、制约。

四、内部控制与外部控制相结合

内部控制是警察权体系内部各组成部分之间的相互控制，外部控制是不同性质的权力对警察权的控制。

内部控制的优点是因为控制主体和控制对象处于一个背景下，控制主体能较好地遏制某些警察权滥用的行为，但因为存在上下级职权大小之分，权力小的往往受制于权力大的，从而影响控权的效果。外部控制中由于控制主体和控制对象分处两个系统，没有直接的利害关系，因此能较好发挥控制作用。

总体而言，两种控制并不是孰优孰劣的问题，应该是扬长避短，相互补充，对警察权的控制机制应该集内外控制优点于一体。

第二节 完善警察权控制的途径

一、以权力制约警察权

"以权力控制权力是一种传统的控权思路。由于权力所具有的权威性，使之成为控权最根本的力量。"① 这一机制以保障公民权利为出发点，以国家权力的分权而治为前提，通过权力之间的牵制与互动，在权力运行中实现对权力扩张性的防范。其功能不仅局限于预防性，一旦权力侵犯性已造成现实的破坏，即可启动行之有效的纠错与恢复机制，将权力的负面效应控制在可容忍的范围内。立法监督和司法监督是"以权制权"的主要方式。

（一）立法监督

"以发展人权为核心的权利制度和以拘束权力为核心的权力制度是法治的两大支撑制度。"②权力应当要受到监督，以强大国家为后盾的政府权力更不能例外。为有效防止权力

---

① 胡建淼主编：《公权力研究：立法权、行政权、司法权》，浙江大学出版社，2005年版，第343页。
② 齐延平：《人权与法治》，山东人民出版社，2003年版，第220页。

第六章 警察法治化建设之四：完善警察权制约与监督制度

的滥用和异化，不仅需要以公民权利来监督制约政府权力，更需要在权力之间"以权制权"。立法权对警察权的监督与制约的主要表现就是以立法的形式对警察权的配置与运行的界限进行规定。社会不断发展，国家政治、经济、法制等情况也会不断变化，警察权力配置的外在环境会改变，行政本身也能造成新的情况，警察权应当是动态的、发展的权力①。因此，立法机关应根据形势的变化，动态设置警察权，并对其进行有效的监督和制约。

首先，立法机关通过制定法律明确警察权的内容、范围、启动条件、运作程序、责任后果等，为正确行使警察权预设轨道，防止其滥用。②

其次，对关于警察权的法律制度体系进行清理，"通过立法的创制权、认可权、修改权、补充权、解释权、废止权和审查权等"改变或撤销与宪法、法律相抵触的或不适当的行政法规、决定和命令。"一是通过立、改、废等立法活动对警察事务的主体条件、权限范围和运作程序等进行严格规制；二是按照适当性、合宪性与合法性等标准对涉及警察事务的法律、法规进行审查，对于不符合标准要求的，有权予以撤销或改变。"③

最后，充分利用和强化立法机关立法权之外的权力对警

---

① 毛志斌：《警察权的支解与让渡》，《公安研究》，2002 年第 10 期。
② 卢建军：《以权力关系的视角解析警察权——兼论适应国家治理现代化要求的警察权力关系》，《中国人民公安大学学报（社会科学版）》，2015 年第 4 期。
③ 吴延溢：《宪法维度下的警察权制约》，《南通大学学报（社会科学版）》，2008 年第 5 期。

察权进行控制。这些权力从监督的意义上来说,"不仅包括立法审查权,还包括执法检查权、听取和审议报告权、重大事项审批权、询问权、质询权、特别问题调查权、撤职权等"①。

(二)以司法权控制警察权

在当代民主制度下,立法机关遵循着"少数服从多数"的规则,其潜在危险是多数人可能剥夺少数人的权利。而司法机关的参与,则能维护公民的权利,尤其是在民主制度下维护少数人的利益。此外司法机关具有充分、灵活的能动性、司法权威高以及弥补立法监督措施不够具体等有点,因而成为控制警察权最重要的手段。要充分发挥司法机关的监督,应重点从以下几方面努力:

第一,理顺司法机关与警察机关的关系,确保司法机关完全独立地监督、控制权力。我国司法机关在组织机构、人员录用、管理上与行政机关一样,财政又依附于地方政府,难以保证绝对的独立。今后改革的目标是使司法机关去行政化,在人、财、物上保持与地方政府的独立,确保客观公正地对警察权进行监督、控制。

第二,强化对警察机关立案、侦查、采取强制措施等行为的监督。如对限制或剥夺人身自由的处罚或强制建立法院的事先审查和批准制度,并逐步扩大审查范围。

第三,扩大司法机关受理行政案件的范围。司法机关应当通过不断发生的诉讼案件保持对行政机关的经常性监督。我国权力机关的活动方式是断续的,他们虽然可以通过立法

---

① 吴延溢:《宪法维度下的警察权制约》,《南通大学学报(社会科学版)》,2008年第5期。

和个案监督的方式控制行政行为，但对行政机关有约束力的决议还得在会议期间进行。而司法控制行政权则是经常的、具体的。因此，要充分发挥司法机关的行政审判职能，扩大审判机关的行政受案范围和受案权限是十分必要的。①

（三）警察权内部监督与制约

我国现行警察管理体制与我国警察机关内部权限划分密切相关，同时也涉及与外在的监督主体——地方政府之间千丝万缕的关系。在对警察权行使结果产生影响的诸多因素中，我国现行警察管理体制也起着推波助澜的作用。如前所述，我国现行警察管理体制存在着种种弊端，进而导致我国警察权在现实运行过程中呈现出种种失范状态，因此，我们必须借鉴国际上比较成熟的经验和做法，结合我国现实的具体情况，在党和政府的领导之下，以法治政府的精神和理念为指导，在整体上不影响社会公共秩序的维护和公民自由权利保障的前提下，对我国的现行警察管理体制进行变革，逐步确立新的以"条块结合，以条为主"为典型特点的警察管理体制。具体而言，这种改革应当从以下几个方面重点推进：

一是，强化警察机关的垂直管理。为了切实改变现行警察机关依赖于地方政府并成为其附庸和工具的局面，克服警察权运行过程中的地方保护主义，进一步实现警察权运行的独立性，必须将现有的警察机关的机构设置和人事管理从地方政府的职能中分离出来，将其交与上级警察机关，从而强

---

① 胡建淼主编：《公权力研究：立法权、行政权、司法权》，浙江大学出版社，2005年版，第345页；王学辉、宋玉波等：《行政权研究》，中国检察出版社，2002年版，第376页。

化警察机关的垂直管理。

二是完善警务督察制度。借鉴国外警务监督工作经验，将原本就不属于警察机关内部机构建制的纪检、监察部门从警察机构内部调整出来，改为外部监督力量，在人事、财政上与原单位脱钩，保持独立行使监督权的职能，真正发挥监督制约作用。

三是完善内部执法监督制度。健全执法质量考评制度，加强执法和办案质量评估工作，用制度来规范警察机关和警务人员的执法。健全执法责任过错追究制度，通过建立并完善领导问责制、引咎辞职制、警务人员行使警察权违法行为责任制度以及因其违法行为引起国家赔偿制度等。

二、以权利制约警察权

要对警察权力进行有效制约，扩大公民权利势所必然。扩大公民权利要做到以下几点：

一是应当完善听证、协商等制度，保证公民参与权。其中最关键的在于普遍建立听证制度，这对于规范警察权具有重要意义。我国必须扩大行政处罚中听证程序的适用范围，对处罚、许可、收费、强制、调查等涉及公民、法人人身财产等重大权益的行为均引入听证程序。

二是信息公开，扩大公民知情权。警察行政公开是一项非常重要的制度，它不仅直接关系到相对人的了解权，还是公民行使其他权利的前提和基础，也是推进公安依法行政的突破口。提高警察机关行政工作的透明度，执法依据、过程及结果的充分公开，才能满足公众的知情权，否则，警察权力就难以受到广泛的监督。

三是切实保障执法过程中的公民平等权。欲切实充分地保障公民的平等权，必须完善一系列程序保障机制。因此，我们必须致力于完善警察运行过程中的回避制度、合议制度和辩论制度等。并通过这些制度促使警察机关在警察权运行程序中能够做到同等的情况同等对待，避免任何执法过程中的歧视和偏私，保证整个程序运行的公平和公正，最终促使执法过程中的公民平等权得到有效的实现。

四是使公民获得充分有效的法律救济。权利救济是权利保障的最后手段和重要环节，没有救济的权利就不是权利。因行使警察权力使公民的权利受到损害或侵犯，必须对该行为予以纠正，同时对损害或侵犯的权利予以补救、恢复。

三、社会对警察权的控制

"警务监督也应当坚持综合治理，从国家权力机关、政党到民主党派、社团、群众性组织、社会舆论机构等都应当将警务监督作为己任。"[①]唯有如此，才能真正地动员最广泛的力量对警察权的运行进行有效的监督与制约。所谓的社会监督，是指由国家机关以外的政党、社团、群众性组织、社会舆论机构等对警察权所实施的监督，具有高度的广泛性。具体体现为以下几个方面。

第一，党委的监督。在我国，党委具有重要的地位和巨大的权力，有能力对警察权实行有效监督。为了发挥党委对

---

① 张青龙，陶军梅：《浅谈我国警察权监督机制存在的问题及解决思路》，《吉林公安高等专科学校学报》，2008年第3期。

警察权运行的监督与制约作用,"需要转变党的角色和职能,使党从日常的行政事务中解脱出来,专门从事政府权力的控制、监督、调节、引导,对政府官员的教育、考核、绩效评估等等这些高屋建瓴的工作上来"①。因此,党委的监督主要集中于对警察机关的警务人员尤其是领导人员从组织、人事以及法纪等方面进行监督,这种监督在党委的角色和职能真正转变后,必将成为制约警察权滥用的一种重要力量。

第二,政协的监督。政协对警察权运行的监督虽然缺乏强制性,但是由于其具有广泛的代表性,能够将民众的意志和意见集中起来,凭借自身特殊的地位并通过自身的监督权对警察权实施监督。政协监督具有稳健的组织性,是在保证党的领导和人民代表大会统一行使国家权力的前提下,在国家政治体制中发挥监督作用的一种组织行为,因而能产生公共权力的影响力,尽管是间接的影响力。此外,与一般公民的监督相比,政协监督具有严格的程序性,通过委员视察、委员提案、通报会、协商会、座谈会等多种途径进行,其意见、批评和建议常常较为集中,并经过讨论或论证,故在理性和深度上更强。

第三,舆论监督。警察权运行的舆论监督,当前主要是由民众通过新闻媒介等手段对警务活动进行采访、报道、披露和评论等形式进行的。就其中新闻媒介而言,其被誉为独立于立法、司法和行政之外的"第四种权力",在警察权监督中发挥着巨大作用,很多警察权运行中的违法犯罪行为均是通过新闻媒体尤其是网络等形式予以披露并得以最终有效解

---

① 徐光超:《警察权运行的现状与完善:基于宪政理论的框架分析》,《南华大学学报》,2008年第4期。

决的。尽管如此，我们也应看到，媒体的监督并不具有强制性，现实中，很多经过媒体披露的事件并未引起警察机关的重视和回应。因此，我们必须强化完善舆论监督机制，尤其是实现舆论监督机制与其他监督机制之间的高度配合。现实中，应完善新闻舆论监督的信息反馈机制，以保障舆论监督的内容得到有效的落实，真正做到为人民服务，反映民众心声，维护公民权利。

四、以责任控制警察权

权力是无法脱离责任而单独存在的，责任是权力越界的必然代价。由此，我们不难察知责任在控制警察权中应有的功能。以责任控制警察权，不仅指法律责任，也包括政治责任和道义责任，是警察权力边界被突破后的一种救济手段，也是警察权主体通过预测后果事先约束自己行为的一种预防机制。责任贯穿于警察权运行的始终，是警察权内部的一种自我控制机制。以责任控制警察权，关键是建立一套完整的责任制度，为警察权设立一种合理的界限。但是，责任必须维持在合理限度内，责任若为无限，则警察权会丧失应有的活力。警察权不但受合法责任的制约，也受到其保护。任何非法责任都不应成为警察权行使的障碍。此外，警察权主体的责任承担并不能依靠该主体自身来实现。作为一种控制机制，必须借助于强有力的外部控权机制才能保证各种责任的实现。因而，即使以责任控制警察权为控权机制的主线，依然不能偏废其他控权手段。警察权的控制是个系统工程，需要诸种力量的紧密配合。

参考文献

[1] 高文英. 我国社会转型期的警察权配置问题研究[M]. 北京：群众出版社，2012.

[2] 王人博，程燎原. 法治论[M]. 桂林：广西师范大学出版社，2014.

[3] 苗爱军，沈晶. 法治视野下的警察盘查权[M]. 武汉：湖北人民出版社，2006.

[4] 萧伯符，张建良，等. 法治之下警察行政权的合理构建[M]. 北京：中国人民公安大学出版社，2008.

[5] 许韬. 比较法视野下的现代警察法基本理论[M]. 北京：中国检察出版社，2012.

[6] 王大伟. 英美警察科学[M]. 北京：中国人民公安大学出版社，1995.

[7] 安政. 中国警察制度研究[M]. 北京：中国检察出版社，2009.

[8] 李步云，李先波. 警察执法与人权保护[M]. 长沙：湖南大学出版社，2013.

[9] 高文英. 警察法学教程[M]. 北京：警官教育出版社，1999.

[10] 聂福茂，余凌云. 警察行政法学[M]. 北京：中国人民公安大学出版社，2005.

[11] 王智军. 警察的政治属性[M]. 北京：社会科学文献出版

社，2009年版，第8页

[12] [日]松井茂. 警察学纲要[M]. 吴石, 译. 北京: 中国政法大学出版社, 2004.

[13] 惠生武. 警察法论纲[M]. 北京: 中国政法大学出版社, 1999.

[14] 高文英. 警察行政法探究[M]. 北京: 群众出版社, 2004.

[15] 徐武生, 高文英. 警察法学理论研究综述[M]. 北京: 中国人民公安大学出版社, 2013.

[16] 师维. 警察法若干问题研究[M]. 北京: 中国人民公安大学出版社, 2012.

[17] 裴东波. "转型时期"的警察权运行失范与政治文化[M]. 北京: 法律出版社, 2009.

[18] 胡建淼. 行政法学[M]. 北京: 法律出版社, 2010.

[19] 颜佳华. 当代中国社会转型期政府权力运行机制重塑研究[M]. 长沙: 湖南人民出版社, 2009.

[20] 宋远升. 警察论[M]. 北京: 法律出版社, 2013.

[21] 吴必康. 英美现代社会调控机制: 历史实践的若干研究[M]. 北京: 人民出版社, 2002.

[22] 张兆端. 警察哲学: 哲学视阈中的警察学原理[M]. 北京: 中国人民公安大学出版社, 2010.

[23] 王大伟. 第五次警务革命: 十论世界警务大趋势[M]. 北京: 中国人民公安大学出版社, 2012.

[24] 王大伟. 外国警察科学[M]. 北京: 中国人民公安大学出版社, 2012.

[25] 付子堂, 赵树坤. 发展中法治论: 当代中国转型期的法律与社会研究[M]. 北京: 北京大学出版社, 2013.

[26] 王学辉，宋玉波，等. 行政权研究[M]. 北京：中国检察出版社，2002.

[27] 李元起，师维. 警察法通论[M]. 北京：中国人民大学出版社，2013.

[28] 钟云华. 社会管理创新视野中的我国警察权研究[M]. 成都：四川大学出版社，2013.

[29] [英]维克菲尔德. 社会发展与警务变革——公共领域的社会化警务[M]. 郭太生，等，译. 北京：中国人民公安大学出版社，2009.

[30] 李拓，等. 中外公众参与体制比较[M]. 北京：国家行政学院出版社，2010.

[31] 蔡定剑. 公众参与：风险社会的制度建设[M]. 北京：法律出版社，2009.

[32] [美]约翰·克莱顿·托马斯. 公共决策中的公民参与[M]. 孙柏瑛，等，译. 北京：中国人民大学出版社，2014.

[33] 许韬. 治道变革与公众参与：转型时期中国警务革新的法学审视[M]. 北京：中国政法大学出版社，2012.

[34] 俞可平. 治理与善治[M]. 北京：社会科学文献出版社，2000.

[35] [美]詹姆斯·N. 罗西瑙. 没有政府的治理[M]. 张胜军，等，译. 南昌：江西人民出版社，2001.

[36] 侯士田，陈永康. 现代警务指挥[M]. 北京：研究出版社，2007.

[37] [日]杉原泰雄. 宪法的历史——比较宪法学新论[M]. 吕昶，渠涛，译. 北京：社会科学文献出版社，2000.

[38] [日]米丸恒治. 私人行政——法的统制的比较研究[M].

北京：中国人民大学出版社，2010．

[39] 王人博．法治论[M]．桂林：广西师范大学出版社，2014．

[40] 林来梵．宪法学讲义[M]．北京：法律出版社，2015．

[41] [美]理查德·B．斯图尔特．美国行政法的重构[M]．沈岿，译．北京：商务印书馆，2002．

[42] 王锡锌．公众参与和中国新公共运动的兴起[M]．北京：中国法制出版社，2008．

[43] 王锡锌．公众参与和行政过程——一个理念和制度分析的框架[M]．北京：中国民主法制出版社，2007．

[44] 郭道晖．社会权力与公民社会[M]．南京：译林出版社，2009．

[45] [日]田口守一．刑事诉讼法[M]．刘迪，等，译．北京：法律出版社，2000．

[46] [美]Peak, K J．社区警务战略与实践[M]．刘宏斌，译．北京：中国人民公安大学出版社，2011．

[47] 钟云华．社会管理创新视野中的我国警察权研究[M]．成都：四川大学出版社，2013．

[48] 王鹰．政府公共警察研究：我国转轨时期公共管理学视野中的警察基本问题[M]．成都：四川大学出版社，2001．

[49] 施雪华．政府权能理论[M]．杭州：浙江人民出版社，1998．

[50] 胡建淼．公权力研究：立法权、行政权、司法权[M]．杭州：浙江大学出版社，2005．

[51] 齐延平．人权与法治[M]．济南：山东人民出版社，2003．

[52] 廉霄．我国警察权再配置的法律问题分析[J]．辽宁警专学报，2013（1）．

[53] 江国华．行政转型与行政法学的回应型变迁[J]．中国社

会科学，2016（11）.

[54] 周章琪. 中西警察职能比较[J]. 湖北警官学院学报，2005（3）.

[55] 章志远. 私人参与警察任务执行的法理基础[J]. 法学研究，2011（6）.

[56] 马占伟. 从治理理论看我国警察权的走向[J]. 江西公安专科学校学报，2006（3）.

[57] 韩大元. 宪法实施与中国社会治理模式的转型[J]. 中国法学，2012（4）.

[58] 程华. 警察法治建设面临的挑战与对策[J]. 河南公安高等专科学校学报，2008（4）.

[59] 李元起. 警察法治研究：问题、契机和途径[J]. 河南公安高等专科学校学报，2008（6）.

[60] 刘贵峰. 我国警察权研究[D]. 北京：中国政法大学，2006.

[61] 李健和. 论我国警察权力的属性和类别——警察权力专题研究之一[J]. 中国人民公安大学学报（社会科学版），2007（3）.

[62] 惠生武，马腾. 论警察权的性质与特点[J]. 河南公安高等专科学校学报，2010（2）.

[63] 王洪芳. 对学界关于警察权性质认识的思考[J]. 行政与法，2008（5）.

[64] 章剑. 论警察国家——以纳粹德国和《1984》大洋国为样本[J]. 江苏警官学院学报，2013（6）.

[65] 李青. 英美发达国家警察职能的历史演变对我国警察现阶段职能定位的参照作用之探讨[J]. 公安研究，2011（11）.

[66] 郭玺, 李国强. 警察权力滥用的原因分析及其控制[J]. 江西公安专科学校学报, 2005（1）.

[67] 张康之. 合作治理是社会治理变革的归宿[J]. 社会科学研究, 2012（3）.

[68] 韩大元. 宪法实施与中国社会治理模式的转型[J]. 中国法学, 2012（4）.

[69] 潘建忠, 潘林昶. 关于政府动用警察权的理性思考[J]. 公安研究, 2007（1）.

[70] 马亚雄. 消极非警务活动：形式、危害、原因及遏制[J]. 中国人民公安大学学报, 2003（3）.

[71] 黄石. 警察为什么不被信任：新时期警察群体风险解读[J]. 江苏警官学院学报, 2012（1）.

[72] 杨志芳, 郝薇. 论警察权威构建——以警察权特征为视角[J]. 云南警官学院学报, 2015（4）.

[73] 李娜. 增设袭警罪保障警察执法权威[N]. 法制日报, 2015-04-07.

[74] 孙秀兰, 欧阳韬. 论法治建设中警察权威的重塑——一种社会学的分析视角[J]. 公安研究, 2015（4）.

[75] [日]田村正博. 警察行政法解说[M]. 侯洪宽, 译. 北京：中国人民公安大学出版社, 2016.

[76] 江必新. 法治政府的制度逻辑与理性构建[M]. 北京：中国法制出版社, 2014.

[77] 毛志斌. 警察权的支解与让渡[J]. 公安研究, 2002（10）.

[78] 卢建军. 以权力关系的视角解析警察权——兼论适应国家治理现代化要求的警察权力关系[J]. 中国人民公安大学学报（社会科学版）, 2015（4）.

[79] 吴延溢. 宪法维度下的警察权制约[J]. 南通大学学报（社会科学版），2008（5）.
[80] 张青龙，陶军梅. 浅谈我国警察权监督机制存在的问题及解决思路[J]. 吉林公安高等专科学校学报，2008（3）.
[81] 徐光超. 警察权运行的现状与完善：基于宪政理论的框架分析[J]. 南华大学学报，2008（4）.